AF453191

CATALOGUE

DES LIVRES

DE LA BIBLIOTHEQUE

DE FEU

M. LE MARÉCHAL-DUC

DE RICHELIEU,

Dont la Vente se fera au plus offrant & dernier Enchérisseur, le ~~Lundi 29 Décembre 1788~~, & jours suivans, de relevée, en son hôtel rue Neuve Saint Augustin.

A PARIS,

Chez **Pissot**, Libraire, quai des Augustins, près la rue du Hurepoix.

1788.

TABLE
DES DIVISIONS
Contenues en ce Catalogue.

THÉOLOGIE.

JURISPRUDENCE.

a ij

SCIENCES ET ARTS.

BELLES-LETTRES.

HISTOIRE.

Fin de la Table des Divisions.

CATALOGUE

CATALOGUE

DES LIVRES

DE LA BIBLIOTHEQUE

DE FEU

M. LE MARÉCHAL-DUC

DE RICHELIEU.

THÉOLOGIE.

ÉCRITURE SAINTE.

N°. 1 **B**IBLIA SACRA latina, cum Concordantiis veteris & novi Testamenti. *Lugduni, Gueynard, 1522, in-4. m. r.*

2 Biblia Sacra latina Vulgatæ editionis Sixti V jussu recognita. *Coloniæ - Agrippinæ, Gualterus, 1630, vulgò Bible des Evêques, in-12. m. r.*

3 La Sainte Bible, trad. en françois sur la Vulgate, avec de courtes notes, par de Sacy. *Bruxelles, Foppens, 1702, 8 vol. in-12. m. r.*

A

4 La Sainte Bible, trad. en françois sur la Vulgate, par le Maistre de Sacy. *Paris, Desprez*, 1714, *in-fol.*

Histoires & figures de la Bible.

5 Imagines Veteris ac Novi Testamenti à Raphaële in Vaticani Palatii Xystis mira picturæ elegantia expressæ, J. Jac. de Rubeis curâ delineatæ & incisæ. *Romæ*, 1674, *in-fol. obl.*

6 Histoires du Vieux & du Nouveau Testament, par David Martin, enrichie de plus de 400 figures gravées en taille-douce. *Amst. Mortier*, 1700, 2 *vol. in-fol. v. f.*

7 Histoires les plus remarquables de l'Ancien & du Nouveau Testament, avec figures gravées en taille-douce, par J. Luyken. *Amst. Mortier*, 1732, *in-fol.*

8 Discours historiques, critiques, théologiques & moraux, sur les événemens les plus mémorables de l'Ancien & du Nouveau Testament, par Jacq. Saurin, enrichis de très-belles figures gravées en taille-douce, sur les dessins de Hoet, Houbraken & B. Picart. *Amst. de Hondt*, 1720, *& années suivantes*, 6 *vol. in-fol. pap. impérial, f. d.*

9 Physique sacrée, ou Histoire naturelle de la Bible, trad. du latin de J. Jacq. Scheuchzer, enrichie de figures gravées par les soins de J. And. Pfeffel. *Amst. Mortier*, 1732, 8 *vol. in-fol. v. f. d. s. tr.*

Interpretes & Commentateurs de l'Ecriture Sainte.

10 Dissertations qui peuvent servir de Prolégomenes de l'Ecriture Sainte, par D. Aug. Calmet. *Paris, Emery*, 1720, 3 *vol. in-4. v. f.*

11 Explications de plusieurs textes difficiles de l'Ecriture, par D. Jacq. Martin. *Paris, Emery*, 1730, *in-4. fig.*

12 La Genese expliquée d'après les textes primitifs, par M. l'Abbé du Contant de la Molette. *Paris, le Clerc*, 1779, 3 *vol. in-12. m. r.*

13 Les Pseaumes expliqués d'après l'hébreu, &c. par le même. *Paris, Moutard*, 1781, 4 *vol. in-12. v. m.*

14 L'Apocalypse, avec une explication par Jacq. Bén. Bossuet. *Paris, Villette*, 1692, *in-8. m. r.*

15 Explication de l'Apocalypse. *Paris, Giffart*, 1701, *in-4.*

Philologie sacrée.

16 Traité de la situation du Paradis terrestre, par P. Dan. Huet. *Paris, Anisson*, 1691, *in-12.*

17 Dictionnaire historique, critique, chronologique, géographique & littéral de la Bible, enrichi de plus de 300 figures en taille-douce, par D. Aug. Calmet. *Paris, Emery,* 1739, 4 *vol. in-fol. v. f.*

SAINTS PÈRES.

18 S. Cœcilii Cypriani Opera, recognita & illustrata Joseph. Baluzii. *Parisiis, è Typog. Regia,* 1726, *in-fol.* c. m.

19 Les Confessions de S. Augustin, trad. en françois par Arnauld d'Andilly. *Paris, le Petit,* 1676, *in-8.*

20 S. Augustin de la Cité de Dieu, trad. par de Ceriziers. *Paris, le Petit,* 1655, *in fol.* G. P.

21 Jac. Sirmondi Opera varia. *Parisiis, è Typogr. Regiâ,* 1696, 5 *vol. in-fol.* c. m. v. m.

THÉOLOGIE SCHOLASTIQUE.

22 Th. Sanchez de S. Matrimonii Sacramento disputationum tomi tres. *Lugduni,* 1625, 3 *vol. in-fol. v. éc.*

23 Traité des Superstitions, par J. B. Thiers. *Paris, de Nully,* 1704, 4 *vol. in-12.*

24 Traitez singuliers & nouveaux contre le Paganisme du Roy-boit, par J. des Lyons. *Paris, Savreux,* 1670, *in-12.*

THÉOLOGIE MORALE.

25 Les Provinciales, par Bl. Pascal, avec les notes de Guil. Wendrock (Nicole). 1712, 3 *vol. in-12.*

26 Dictionnaire des Cas de conscience, par J. Pontas. *Paris, Saugrain,* 1730, 3 *vol. in-fol.*

27 Conférences Ecclésiastiques du Diocèse de Lodeve. *Paris,* 1749, 4 *vol. in-12.* m. r.

THÉOLOGIE PARÉNÉTIQUE, ou DES SERMONS.

28 Mich. Menoti Sermones Quadragesimales. *Parisiis, Chevallonius,* 1526, *in-8.*

29 Sermons du P. Massillon. *Paris, Estienne,* 1760, 15 *vol. in-12.* m. r.

30 Panégyriques, Sermons, Harangues, & autres Piéces d'éloquence, par J. César Rousseau de la Parisiere. *Paris, Giffey,* 1740, 2 *vol. in-12.* m. r.

[4]

31 Œuvres d'Edme Mongin. *Paris , Simon , 1745 , in-4. l. r. m. r.*

32 Sermons du P. Ch. Frey de Neuville. *Paris , Mérigot , 1776 , 8 vol. in-12. v. m.*

33 Sermons de M. Hugh Blair, trad. de l'anglois, par M. Froffard. *Lyon , de la Roche , 1774 , 2 vol. in-8. br.*

THÉOLOGIE MYSTIQUE.

34 Les Œuvres de Sainte Thérefe , trad. par Arnauld d'Andilly. *Paris , le Petit , 1670 , in-fol.*

35 La Cité myftique de Dieu , par Marie d'Agreda , trad. de l'efpagnol par le P. Th. Crozet. *Bruxelles , Foppens , 1715 , 3 vol. in-4. v. f.*

36 Traité de l'Amour de Dieu, par Jacq. Bén. Boffuet. *Paris, Alix , 1736 , in-12.*

37 La Vie de J. Marie Bouvieres de la Mothe-Guyon. *Cologne , la Pierre , 1720 , 3 vol. in-12.*

THÉOLOGIE POLÉMIQUE.

38 Œuvres philofophiques , ou Démonftration de l'exiftence de Dieu , par Fr. de Salignac de la Motte-Fénelon. *Paris, de l'Aulne , 1718 , in-12.*

39 Traités de l'exiftence & des attributs de Dieu , par Clarke, trad. de l'anglois par Ricotier. *Amft. Bernard , 1727, 3 vol. in-12.*

40 Théologie aftronomique, ou Démonftration de l'exiftence des attributs de Dieu par l'examen & la defcription des Cieux , trad. de l'anglois par G. Derham. *Paris , Chaubert , 1729 , in-8. fig.*

41 Penfées de Pafcal fur la Religion. *Amft. Wetftein , 1699, in-12.*

42 P. Dan. Huetii Alnetanæ quæftiones de Concordia rationis & fidei. *Parifiis , Moette , 1690 , in-4.*

43 Phil. à Limborch de veritate Religionis Chriftianæ amica collatio cum erudito Judæo. *Goudæ , ab Hoeve , 1687, in-4.*

44 Conférences amicales de Phil. à Limborch avec un Juif éclairé fur la vérité de la Religion Chrétienne , trad. du latin. *in-fol. manufc.*

45 Lettre de R. Ifmaël Ben Abraham, Juif converti , à l'Abbé Houteville , fur fon Livre de la Religion Chrétienne prouvée par les faits. *Paris , Thibouft , 1722 , in-12.*

[5]

46 Traité de l'excellence de la Religion, par Jacq. Bernard.
   Amst. l'Honoré, 1732, 2 *vol. in-*12.
47 Traité qui contient la méthode la plus facile & la plus
   assurée pour convertir ceux qui se sont séparés de l'Eglise,
   par le Cardinal de Richelieu. *Paris, Cramoisy*, 1651,
   in-fol. m. r.
48 Instruction du Chrétien, par le même. *Paris, Impr. Roy.*
   1642, *in-fol. l. r.*
49 Questions diverses sur l'incrédulité, par l'Evêque du Puy.
   Paris, Chaubert, 1751, *in-*12. *v. f.*
50 L'Incrédule détrompé, & le Chrétien affermi dans la Foi
   par les preuves de la Religion, par M. l'abbé de Pont-
   briand. *Paris, Coignard*, 1752, *in-*8. *v. f.*
51 Torrent de feu sortant de la face de Dieu pour dessécher
   les eaux de Mara, où est prouvé le Purgatoire, par le
   P. Jacq. Suarès. *Paris, du Fossé*, 1609, *in-*8.
52 Les témoins de la Résurrection de J. C. examinés & jugés
   selon les régles du Barreau, pour servir de réponse aux
   objections de Woolston, par A. le Moine. *La Haye,
   Néaulme*, 1732, *in-*8. *v. f.*

THÉOLOGIE HÉTÉRODOXE.

53 Préservatif contre le Papisme, par Guill. Sherlock, trad.
   de l'anglois. *La Haye, Néaulme*, 1721, *in-*8. *v. f.*
54 Préservatif contre la réunion avec le Siége de Rome, par
   Lenfant. *Amst. Humbert*, 1723, 5 *vol. in-*12. *v. f.*
55 Le Passe par-tout de l'Eglise Romaine, par Ant. Gavin,
   trad. de l'anglois par Janiçon. *Londres, Stephen*, 1726,
   3 *vol. in-*12. *v. f.*
56 . . . .
   . . . .
   . . . .
57 Traité sur les Miracles, par Jacq. Serces. *Amst. Humbert*, 1729, *in-*12. *v. f.*
58 Pensées libres sur la Religion, l'Eglise & le Bonheur de
   la Nation, trad. de l'anglois par van Effen. *La Haye,
   Vaillant*, 1723, 2 *vol. in-*12. *v. f.*
59 Lettres sur la Religion essentielle à l'homme. *Londres*,
   1739, 2 *vol. in-*12. *v. f.*
60 Défense du Christianisme, ou Préservatif contre un Ouvrage intitulé : *Lettres sur la Religion essentielle à l'homme*, par Franç. des Roches. *Genéve, Bousquet*, 1740,
   2 *vol. in-*12. *v. f.*

61 Le Christianisme raisonnable, trad. de l'angl. de J. Locke. *Amst. Chastelain*, 1731, 2 *vol. in*-8. *v. f.*

62 Ébauche de la Religion naturelle, par Wolaston, trad. de l'anglois. *La Haye, Swart*, 1726, *in*-4. *v. f.*

63 Is. la Peyrere Præ-Adamitæ. 1655, *in*-12. *v. f.* — Sam. Maresii Refutatio Fabulæ Præ-Adamaticæ. *Groningæ*, 1656, *in*-12. *v. f.*

64 Défense du Paganisme par l'Empereur Julien, en grec & en françois, avec des dissertations & des notes, par le Marquis d'Argens. *Berlin, Voss.* 1764, *in*-12.

65 Jul. Cæsaris Vanini Amphitheatrum Æternæ Providentiæ Divino-Magicum, Christiano-Physicum, necnon Astrologo-Catholicum, adversus Vet. Philosophos, Atheos, &c. *Lugduni, de Harsy*, 1615, *in*-8. *v. f.*

66 Jul. Cæsaris Vanini de Admirandis naturæ Reginæ Deæque mortalium Arcanis Dialogorum libri IV. *Lutetiæ, Perier*, 1616, *in*-8. *v. f.*

67 Discours sur la liberté de penser de Colins. *Londres*, 1717, *in*-12. *v. f.*

68 Religio Medici, cum annotationibus. *Argentorati, Spoor*, 1677, *in*-12. *v. f.*

69 La Religion du Médecin, par Th. Brown. 1668, *in*-12.

70 État de l'Homme dans le péché originel, par Beverland. 1714, *in*-12. *v. f.*

71 Traité des Cérémonies superstitieuses des Juifs, par B. Spinosa. *Amst. Smith*, 1678, *in*-12.

72 Réfutation des erreurs de B. Spinosa, par M. de Fénelon, le P. Lamy & le Comte de Boulainvilliers. *Bruxelles, Foppens*, 1731, *in*-12. *v. f.*

73 La Foi dévoilée par la Raison, par Parisot. *Paris*, 1681, *in*-8.

74 J. Tolandi Adeisidæmon, sivè Titus Livius à superstitione vindicatus. *Hagæ-Comitis, Johnson*, 1709, *in*-8. *v. f.*

75 J. Tolandi Pantheisticon, sivè Formula celebrandæ Sodalitatis Socraticæ. *Cosmopoli*, 1720, *in*-8.

76 . . . .
. . . .

THÉOLOGIE DES JUIFS.

77 J. Christ. Wagenseilii tela ignea Satanæ, h. e. arcani & horribiles Judæorum adversus Christum Deum & Christianam Religionem libri Anecdoti. hebr. & lat. cum confutationibus. *Altdorfii-Noricorum*, 1682, *in*-4.

THÉOLOGIE MAHOMÉTANE.

78 L'Alcoran de Mahomet, trad. par du Ryer. *La Haye,*
Moetjens, 1683, *in* 12.
79 La Religion des Mahométans, tirée du latin de Reland.
La Haye, Vaillant, 1721, *in-*12. *fig.*

JURISPRUDENCE.

DROIT CANONIQUE.

80 Codex Canonum vetus Ecclesiæ Romanæ à Fr. Pitheo
restitutus & notis illustratus. *Parisiis, è Typogr. Regiâ,*
1687, *in-fol.*
81 Zeg. Bern. van Espen Jus Ecclesiasticum universum. *Colon.*
Agrippinæ, 1729. 2 *vol. in-fol.*
82 Traité dogmatique & historique des Edits, & des autres
moyens spirituels & temporels dont on s'est servi dans tous
les temps pour établir & maintenir l'unité de l'Eglise Catholique, par le P. L. Thomassin. *Paris, Impr. Royale,*
1703, 3 *vol. in* 4.
83 P. Molinæi de Monarchia temporali Pontificis Rom. liber.
Genevæ, Aubertus, 1614, *in-*8.
84 Les droits des Souverains défendus contre les excommu-
nications & les interdits des Papes, par Fra Paolo. *La*
Haye, Scheurleer, 1721, 2 *vol. in* 12. *v. f.*
85 Traité de l'autorité du Pape. *La Haye, Rogissart,* 1720,
4 *vol. in-*12. *v. f.*
86 La Faillibilité des Papes démontrée par la tradition. 1720,
2 *vol. in-*12. *v. f.*
87 Taxa Cancellariæ Romanæ, notis illustrata à L. Banck.
Franekeræ, Albertus, 1651, *in* 8.
88 Histoire du Droit public Ecclésiastique François. *Londres,*
1740, 2 *vol. in-*12.
89 Les Libertez de l'Eglise Gallicane, prouvées & commentées, suivant l'ordre & la disposition des articles dressés par
P. Pithou & P. Dupuy, par M. Durand de Maillane. *Lyon,*
Bruyset, 1771, 5 *vol. in-*4.
90 Rapport des Agens du Clergé & Procès-verbaux, années
1735 à 40, 1750 à 55, 1760 à 65, 1775, &c. avec le

rome XII des Mémoires du Clergé. *Paris*, 1741, *9 vol. in-fol.*

91 Traité de l'autorité des Rois, touchant l'administration de l'Eglise, par Talon. *Amst. Pain*, 1700, *in-8.*

92 Traité de l'origine de la Régale, par Gasp. Audoul. *Paris, Collombat*, 1708, *in-4.*

93 Conférence des Edicts de pacification des troubles esmeus au Royaume de France pour le faict de la Religion, par P. de Beloy. *Paris, Mettayer*, 1600, *in-8.*

94 De l'autorité du Clergé & du pouvoir du Magistrat politique sur l'exercice des fonctions du Ministere Ecclésiastique. *Amst.* (*Paris*) 1766, *2 vol. in-12.*

95 Piéces détachées relatives au Clergé Séculier & Régulier. *Amst.* 1771, *3 vol. in 8.*

96 Apologie pour H. Louis Chastaigner de la Rochepofay, contre ceux qui disent qu'il n'est pas permis aux Ecclésiastiques d'avoir recours aux armes en cas de nécessité. 1615. — H. Lud. Castanæi de la Rochepofay Differtationes ethico-politicæ. *Pictavii, Mesnier*, 1625, *in-8. v. m.*

97 Factum pour les Religieuses de Sainte Catherine-lès-Provins contre les PP. Cordeliers. *Doregnal*, 1668, *in-12.*

98 Toilette de l'Archevêque de France, ou Réponse au Factum des Filles de Sainte Catherine-lès-Provins contre les PP. Cordeliers. 1669, *in-12. v. m.*

D R O I T   C I V I L.

Droit de la Nature & des Gens, & Droit public.

99 Principes du Droit naturel, par J. J. Burlamaqui. *Genéve, Barillot*, 1747, *in-4.*

100 Th. Hobbes Leviathan, sivè de Materia, forma, & potestate civitatis Ecclesiasticæ & Civilis. *Amst. Blaeu*, 1670, *in-4.*

101 De l'Esprit des Loix, par de Montesquieu. *Genéve, Barillot*, *2 tomes en un vol. in-4. v. f.*

102 Dei delitti e delle pene, dal Marchese Beccaria. *Harlem*, 1766, *in-8. v. éc.*

103 Le Droit public de l'Europe fondé sur les Traités, par l'Abbé de Mably. (*Paris*) 1746, *2 vol. in-12.*

104 Questions de Droit public sur une matiere très - intéressante. *Amst.* 1770, *in-8. v. éc.*

105 Mémoire pour le Procureur Général au Parlement de Provence, servant à établir la souveraineté du Roi sur la
Ville

Ville d'Avignon & le Comté Venaiſſin. 1769, 2 vol. in-8.
m. v.

106 Principes du Droit politique, par Burlamaqui. *Amſt.*
Chaſtelain, 1751, 2 *tomes en un vol. in-8. v. f.*

107 Les Devoirs du Prince réduits à un ſeul principe, ou
Diſcours ſur la Juſtice, par M. Moreau. *Verſailles,* 1775,
in-8. v. éc.

108 Corps univerſel Diplomatique du Droit dés Gens, ou
Recueil des Traités de Paix, d'Alliances, de Treve, &c.
faits en Europe depuis le Regne de Charlemagne juſqu'à
préſent, avec les Capitulations Impériales & Royales, &
autres Actes publics, par J. Dumont. *Amſt. Weſtein,* 1786,
8 *vol. in fol. v. f. fil. d.*

109 Supplément au Corps univerſel Diplomatique du Droit
des Gens, avec le Cérémonial Diplomatique des Cours de
l'Europe, par J. Dumont & J. Rouſſet. *Amſt.* 1739, 5 *vol.*
in fol. v. f. fil d.

110 Hiſtoire des Traités de Paix & autres Négociations du
dix-ſeptiéme ſiécle, depuis la Paix de Vervins juſqu'à celle
de Nimegue, par J. Yves de S. Preſt. *Amſt.* 1725, 2 *vol.*
in-fol. v. f. fil. d.

111 Négociations ſecrettes touchant la Paix de Munſter &
d'Oſnabrug, depuis 1642 juſqu'en 1648. *Là Haye, Néaul-*
me, 1725, 4 *vol. in fol. v. f. fil. d,*

112 L'Ambaſſadeur & ſes fonctions, par de Wicquefort. *Co-*
logne, Marteau, 1715, 2 *vol. in-4. v. f.*

113 Mémoires & Inſtructions pour les Ambaſſadeurs, ou
Lettres & Négociations de Walſingham, trad. de l'anglois.
Amſt. Gallet, 1708, *in-4.*

114 Recueil hiſtorique d'Actes, Négociations, Mémoires &
Traités depuis la Paix d'Utrecht, par Rouſſet. *La Haye,*
Scheurleer, 1728, 21 *tomes en 22 vol. in-12. v. f.*

115 Les Négociations du Préſident Jeannin. 1659, 2 *vol. in-12.*

116 Négociations à la Cour de Rome, de Henri Arnauld,
Abbé de Saint Nicolas. 1748, 5 *vol. in-12.*

117 Actes, Mémoires & Négociations de la Paix de Nimegue.
La Haye, Moetjens, 1697, 5 *vol. in-12. v. f.*

118 Mémoires & Négociations ſecrettes de la Cour de France, touchant la Paix de Munſter. *Amſt. Chaſtelain,* 1710,
4 *vol. in-8. m. r.*

119 Actes & Mémoires des Négociations de la Paix de Ryſ-
wick. *La Haye, Moetjens,* 1707, 5 *vol. in-12. v. f.*

120 Actes & Mémoires de la Paix d'Utrecht. *Utrecht, vande*
Water, 1714, 6 *vol. in-12. v. f.*

121 Lettres, Mémoires & Négociations particulieres du Chevalier Deon. *Londres, Dixwell,* 1764, *in-4. v. éc.*

122 Mémoires des Commissaires du Roi & de ceux de S. M. Britannique, sur les possessions & les droits des deux Couronnes en Amérique. *Paris, de l'Imprimerie Royale,* 1755, *4 vol. in-4. v. éc.*

123 Les mêmes. *Ibid.* 1756, *6 vol. in-12.*

Droit Romain.

124 P. & Fr. Pithœi Observationes ad Codicem & Novellas Justiniani, ex Bibliotheca Cl. le Peletier. *Parisiis, è Typ. Regiâ,* 1689, *in-fol.*

Droit François.

Loix, Constitutions, Édits, Ordonnances, &c.

125 Dictionnaire Universel, Chronologique & Historique de Justice, Police & Finances, par Fr. Jacq. Chasles, *Paris, Robustel,* 1725, *3 vol. in-fol.*

126 Ordonnances des Rois de France de la troisiéme Race, recueillies par ordre chronologique par Eusebe de Lauriere & Denis Fr. Secousse. *Paris, de l'Imp. Royale,* 1741, *& années suiv. tom. 6 à 13, 9 vol. in-fol. fil. d.*

127 Compilation chronologique des Ordonnances, Édits, &c. concernant la Justice, la Police & les Finances, par Guil. Blanchard. *Paris, Moreau,* 1715, *2 vol. in-fol.*

128 Recueil d'Édits & d'Ordonnances Royaux sur le fait de la Justice, par P. Neron & Et. Girard. *Paris, Montalant,* 1720, *2 vol. in-fol.*

129 Procès-verbal des Conférences tenues pour l'examen des articles de l'Ordonnance Civile de 1667 & de l'Ordonnance Criminelle de 1670. *Paris, de Bure,* 1776, *in-4.*

130 Code Civil, ou Commentaire sur l'Ordonnance de 1667, par M. Fr. Serpillon. *Paris, Delaguette,* 1776, *in-4.*

131 Code Militaire, ou Compilation des Ordonnances concernant les Gens de guerre, par de Briquet. *Paris, Durand,* 1761, *8 vol. in-12.*

132 Ordonnance du Roi, pour régler l'exercice de la Cavalerie, de 1766. *Paris, de l'Imprimerie Royale,* 1766, *in-fol. fig.*

133 Dictionnaire universel des Maréchaussées de France, par G. H. de Bauclas. *Paris, Prault,* 1748, *2 vol. in-4.*

134 Code du Faux, ou Commentaire sur l'Ordonnance de Juillet 1737, avec des notes, par Franç. Serpillon. *Lyon, Regnault*, 1774, *in-4.*

135 Traité de la Police, par de la Marre. *Paris, Cot.* 1705, 4 *vol. in fol.*

136 Recueil des Réglemens généraux & particuliers concernant les Manufactures & Fabriques du Royaume. *Paris, de l'Imprimerie Royale*, 1730, 4 *vol. in-4. v. éc.*

137 Code des Chasses. *Paris, Saugrain*, 1713, 2 *vol. in-12.*

138 Jurisprudence de la Marine, sur la liberté & sûreté de la Navigation & du Commerce, par M. ***, Avocat aux Conseils du Roi, *in-4. manusc.*

COUTUMES.

139 Responsa Jo. Bosselli Borderii & Jo. Constantii. *Augusteriti-Pictonum, Fleuriau*, 1639, *in-fol.*

140 B. d'Argentré Commentarii in Patrias Britonum leges, seu Consuetudines Ducatus Britanniæ. *Parisiis, Buon*, 1628, *in-fol.*

141 Les Coutumes générales des Pays & Duché de Berry, par Franç. Ragueau. *Paris, Chevalier*, 1615, *in-fol.*

142 Assises & bons Usages du Royaume de Jerusalem, par J. d'Ibelin, ensemble les Coutumes de Beauvoisis, par Phil. de Beaumanoir, avec des notes & observations de Gasp. Thaumas de la Thaumassiere. *Bourges*, 1690, *in-fol.*

143 La Coutume de Barege conférée avec les usages, ou Coutume du pays du Lavedan, de la Ville de Lourde, & autres endroits dépendans de la Province de Bigorre, par G. Noguez. *Toulouse, Desclassan, in-8. m. r.*

ARRÊTS.

144 Journal des principales Audiences du Parlement, avec les Arrêts qui y ont été rendus, par J. du Fresne. *Paris, Rollin*, 1757, 7 *vol. in-fol.*

145 Arrest du Parlement de Paris, contre Charles II, Duc de Lorraine, & autres complices & accusez, le 1ᵉʳ jour d'Aoust 1412. *Paris, Villery*, 1634, *in-8.*

146 Recueil des Arrêts, Déclarations, &c. de la Cour des Grands-Jours tenus à Clermont en Auvergne en 1665 & 66. *Clermont, Jacquard*, 1666. — Factum pour la Duchesse de Ventadour & la Comtesse de Lude, touchant la cause de Saint-Geran. *Paris, Billaine*, 1663, *in-4.*

147 Arrêts notables de la Cour du Parlement de Provence, recueillis par Hyacinthe Boniface. *Lyon, Molin,* 1708, 5 *vol. in-fol. v. éc.*

148 Arrêts notables de la Cour du Parlement de Provence, recueillis par Balth. de Bézieux. *Paris, Mercier,* 1750, *in fol.*

149 Arrest mémorable du Parlement de Tholose, contenant une histoire prodigieuse (Martin Guerre), avec les annotations de J. de Coras. *Paris,* 1565, *in-8.*

150 Histoire tragique & Arrèts de la Cour du Parlement de Tholose contre P. Arrias Burdeus, par Guil. de Segla. *Paris, Robinot,* 1613, *in-8.*

JURISCONSULTES FRANÇOIS.

151 Œuvres du Chancelier H. Fr. d'Aguesseau. *Paris,* 1759, 11 *vol. in-4.*

152 Traité des Fiefs, par Cl. Pocquet de Livoniere. *Paris, le Mercier,* 1733, *in-4.*

153 Questions concernant les Substitutions, avec les Réponses, & des Observations du Chancelier d'Aguesseau. *Toulouse, Dalles,* 1770, *in-4.*

154 Les Nobles dans les Tribunaux, Traité de Droit, par Herm. Fr. de Malte, enrichi de plusieurs curiositez utiles de l'Histoire & du Blazon. *Liége, Streel,* 1680, *in fol.*

155 Traité des Droits, Fonctions, Franchises, Exemptions & Priviléges annexés en France à chaque Dignité, à chaque Office & à chaque État ; Ouvrage de plusieurs Jurisconsuites publié par M. Guyot. *Paris, Visse,* 1786, *in 4. en carton.*

156 Traicté de la Dissolution du Mariage, pour l'impuissance & froideur de l'homme ou de la femme, par Ant. Hotman. *Paris, Millot,* 1610, *in 8.*

157 Traité de la Dissolution du Mariage pour cause d'impuissance, par Bouhier. *Luxembourg,* 1733, *in-8.*

Plaidoyers, Factums, Mémoires.

158 Causes célébres & intéressantes, avec les Jugemens qui les ont décidées, par Gayot de Pitaval. *Paris, de Nully,* 1734, 20 *vol. in 12. v. f.*

159 Continuation des Causes célébres & intéressantes, par M. de la Ville. *Paris, le Clerc,* 1769, 6 *vol. in-12. v. f.*

160 Procès de Fouquet. *Paris, Cramoisy,* 1696, 16 *vol. in-12.*

161 Recueil de Factums & Mémoires fur plusieurs questions importantes de Droit Civil, de Coutume & de Discipline Ecclésiastique. *Lyon, Bruyset*, 1727, 2 *vol. in*-4.

162 Recueil général des piéces concernant le procès du P. Girard & de la Demoiselle Cadiere. 1731, 2 *vol. in-fol.*

163 Recueil général des piéces contenues au procès du Marquis de Gesvres. *Rotterdam*, 1714, 2 *tomes en un vol. in*-12.

164 Mémoires pour les sieurs Dupleix, Bigot, & autres. *Paris*, 17 *vol. in*-4. *rel. & br.*

DROIT ÉTRANGER.

165 La Capitulation de l'Empereur François combinée avec la Capitulation de l'Empereur Charles VI. *Francfort, Varrentrapp*, 1746, *in*-4.

166 Code Frédéric, ou Corps de Droit pour les États de S. M. le Roi de Prusse. 1751, 3 *vol. in*-8.

167 Traités fur les Coutumes Anglo-Normandes, avec des Remarques, par M. Houard. *Paris, Nyon*, 1776, 4 *vol. in*-4.

168 Code des Gentoux, trad. de l'anglois. *Paris, Stoupe*, 1778, *in*-4. *en carton.*

SCIENCES ET ARTS.

PHILOSOPHES ANCIENS ET MODERNES.

169 HISTOIRE de la Philosophie Payenne. *La Haye, Gosse*, 1724, 2 *vol. in*-12.

170 Histoire critique de la Philosophie, par Deslandes. *Amst. Changuion*, 1737, 3 *vol. in*-12. *fil. d.*

171 Bibliotheque des anciens Philosophes. *Paris, Pissot*, 1771, 9 *vol. in*-12.

172 Les Œuvres de Platon, trad. en françois par Dacier. *Paris, Anisson*, 1701, 2 *vol. in*-12.

173 La République de Platon, trad. en franç. par le P. Grou. *Paris, Humblot*, 1762, 2 *vol. in* 12.

174 Ocellus Lucanus, en grec & en franç avec des Dissertations, par le Marquis d'Argens. *Utrecht*, 1762, *in*-12. *v. f.*

175 Ocellus Lucanus, de la Nature de l'Univers, trad. en

françois avec des Remarques & le texte grec, par l'Abbé
Batteux. *Paris, Saillant, 1768, in-8. v. éc. d. f. tr.*

176 Hiftoire des Caufes premieres, par le même. *Paris,
Saillant, 1769, in-8. v. éc. d. f. tr.*

177 Timée de Locres, en grec & en françois, par le Marquis d'Argens. *Berlin, Haude, 1763, in-12. v. éc.*

178 Les Hipotipofes, ou Inftitutions Pyrroniennes de Sextus
Empiricus, trad. du grec (par Huart). 1725, *in-12. v. f.*

179 Petri Gaffendi Opera omnia. *Lugduni, Aniffon, 1658,
6 vol. in-fol.*

180 Les Œuvres de René Defcartes. *Paris, Huet, 1724,
13 vol. in-12. v. f.*

181 Œuvres philofophiques de D. Diderot. *Amft. Rey, 1772,
6 vol. in-8. v. éc.*

182 Zend-Avefta, Ouvrage de Zoroaftre, contenant les idées
théologiques, phyfiques & morales de ce Légiflateur, trad.
en franç. avec des Remarques par M. Anquetil du Perron,
Paris, Tilliard, 1771, 3 vol. in-4.

M O R A L E.

183 Collection des Moraliftes anciens, trad. par différens Auteurs. *Paris, Didot l'aîné, 1782, 10 vol. in-12. papier
d'Annonay.*

184 Les Caractères de Théophrafte, trad. du grec, avec les
Caractères ou les Mœurs de ce fiécle, par de la Bruyere.
Paris, David, 1714, 2 vol. in-12.

185 Le Manuel d'Epictete & les Commentaires de Simpli-
cius, trad. en franç. avec des Remarques par Dacier. *Paris,
Coignard, 1715, 2 vol. in-12.*

186 Penfées de l'Empereur Marc-Aurele-Antonin, trad. par
M. de Joly. *Paris, Cellot, 1770, in-8.*

187 La Sageffe de Charron. *Paris, Befoigne, 1672, in-12.
v. f.*

188 Principes naturels de la Morale & de la Politique. *Londres, 1773, 2 tomes en un vol. in-8. v. éc.*

189 De l'Homme moral, par M. l'Abbé de Crillon. *Paris,
Defprez, 1771, in-8.*

190 Peintures des Mœurs du fiécle, par M. de la Croix. *Paris,
le Jay, 1777, 2 vol. in-12.*

191 Les Caractères, par Madame de Puyfieux. *Londres,
(Paris) 1750, 2 vol. in-8.*

192 Le Spectateur, ou le Socrate moderne, trad. de l'anglois.
Amft. Mortier, 1714, 6 vol. in-12.

193 Le Misantrope, par Van Effen. *La Haye, Néaulme,*
1726, 2 *vol. in*-8. *v. f.*

194 Le Babillard, par M. le Chevalier de Rutlidge, &c.
Paris, Bastien, 1778, 3 *vol. in*-8. *v. éc.*

195 Essai sur les Erreurs populaires, trad. de l'anglois de
Th. Brown. *Paris, Didot,* 1733, 2 *vol. in*-12. *m. r.*

196 Les préjugés du Public, avec des Observations, par
Denesle. *Paris, Giffart,* 1747, 2 *vol. in* 12.

197 La Fable des Abeilles, ou les Fripons devenus honnêtes
gens, avec le Commentaire, trad. de l'anglois de Mande-
ville. *Londres (Holl.),* 1740, 4 *vol. in* 12. *v. f.*

198 La défense du Cœur contre les attaques d'Amour, par
d'Alquie. *Amst. Marteau,* 1681, *in*-12.

ÉCONOMIE.

199 Institution d'un Prince, par Duguet. *Londres, Nourse,*
1740, 4 *vol. in*-12. *v. m.*

200 Testament ou Conseils fideles d'un bon Pere à ses Enfans, par P. Fortin de la Hoguette. *Paris, Vitré,* 1648,
in-8. *m. r.*

POLITIQUE, FINANCES ET COMMERCE.

201 Tutte le Opere di Nic. Machiavelli. 1550, *in*-4. *v. f.*

202 Discours de l'estat de paix & de guerre de Nic. Machiavelli, sur la premiere Décade de Tite-Live, trad. en françois. *Paris,* 1544, *in-fol. m. r.*

203 Réflexions de Machiavel, sur la premiere Décade de
Tite-Live, trad. par M. D. M. M. D. R. *Paris, Jombert,*
1789, 2 *vol. in*-8. *br.*

204 Examen du Prince de Machiavel, avec des notes. *La
Haye, van Duren,* 1741, *in*-8.

205 Les six Livres de la République de J. Bodin. *Paris,
Dupuis,* 1577, *in-fol.*

206 Discours politiques & militaires du Seigneur de la Noue.
Basle, Forest, 1587, *in*-8.

207 Les Elémens de la Politique, selon les principes de
la Nature, par P. Fortin de la Hoguette. *Paris, Vitré,*
1663, *in*-8. *m. r.*

208 Annales politiques de Ch. Irenée Castel, Abbé de Saint-
Pierre. *Londres,* 1757, 2 *vol. in*-8.

209 Ouvrages politiques de l'Abbé de Saint-Pierre. *Roter-
dam, Beman,* 1729, 12 *vol. in*-12.

210 Inftitutions politiques, par le Baron de Bielfeld. La Haye, Goffe, 1760, 2 vol. in-4. v. éc.

211 Des Corps politiques & de leurs Gouvernemens. Lyon, Duplain, 1766, 2 vol. in-4.

212 L'Ordre naturel & effentiel des Sociétés politiques, par M. de la Riviere. Paris, Defaint, 1767, in-4.

213 La Politique naturelle, ou Difcours fur les vrais principes du Gouvernement. Londres, 1773, 2 tomes en un vol. in-8. v. éc.

214 Pierre de touche politique, tirée du Mont de Parnaffe, où il eft traité du Gouvernement des principales Monarchies du monde, trad. en françois de l'italien de Trajano Boccalini par Giry. Paris, Villery, 1626, in-8.

215 Difcours fur le Gouvernement, par Algernon Sidney, trad. de l'anglois par Samfon. La Haye, van Dale, 1702, 3 vol. in-12.

216 L'Efprit des Nations, (par M. l'Abbé d'Efpiard). La Haye, Goffe, 1753, 2 tomes en un vol. in-12. v. m.

217 L'Homme d'État, par Nic. Donato, trad. de l'italien. Liége, Plomteux, 1767, 2 vol. in-4.

218 Confidérations fur le fort des hommes dans les différentes époques de l'Hiftoire. Amft. Rey, 1772, 2 vol. in-8. v. éc.

219 L'Ami des Hommes, ou Traité de la population, par M. de Mirabaud. Avignon, 1756, 3 parties en un vol. in-4.

220 Le Pornographe, ou Idées d'un honnête Homme fur un projet de Réglement pour les Proftituées & le Mimographe. Paris, Delalain, 1769, 2 vol. in-8. v. éc.

221 Lettres fur l'Efprit de Patriotifme, fur l'idée d'un Roi patriote, & fur l'état des Partis qui divifoient l'Angleterre lors de l'avénement de Georges I, trad. de l'anglois de Bolingbrocke. Londres, 1750. in-8.

222 Apologie contre les Détracteurs des Livres de la Monarchie Ariftodémocratique, de L. de Mayerne. 1616, in-8.

223 Hiftoire de l'Origine de la Royauté & du premier établiffement de la grandeur Royale, par Pelifferi, in-8. fig.

224 Vindiciæ contra Tyrannos, five de Principis in Populum, Populique in Principem legitima poteftate, Stephano Junio Bruto, five Theodoro Beza auctore. Amft. Valckenier, 1660, in-12.

225 Traité politique, que tuer un Tyran n'eft pas un meurtre, trad. de l'anglois de W. Allen. Lyon, 1658, in-12. titre à la main.

226 Question Royale & sa décision, (par l'Abbé de Saint-Cyran). *Paris, du Bray*, 1609, *in-12. d. s. tr.*

227 Idée d'une République heureuse, ou l'Utopie de Th. Morus, trad. par Gueudeville. *Amst. l'Honoré*, 1730, *in-12. fig. v. éc.*

228 Considérations politiques sur les coups d'Etat, par Gabr. Naudé. 1712, *in-12*

229 Les mêmes, avec des Réflexions historiques, morales, chrétiennes & politiques. 1673, *in-12.*

230 Parallele des Romains & des François, par rapport au Gouvernement. *Paris, Didot*, 1740, 2 *vol. in-12. v. f.*

231 Considérations sur le Gouvernement ancien & présent de la France, par le Marquis d'Argenson. *Amst. Rey*, 1765, *in-8. v. éc.*

232 Lettres d'un Suisse à un François, où l'on voit les véritables intérêts des Princes de l'Europe qui sont en guerre. *Basle*, 1704, 8 *vol. in-12.*

233 L'Ami des François. 1771, *in-8.*

234 Constitution de l'Angleterre, par M. de Lolme. *Amst. Harrevelt*, 1771, *in-8. v. éc.*

235 Il Libro del Cortegiano del C. Baldesar Castiglione. *Venetiis*, 1539, *in 8.*

236 Instituts politiques & militaires de Tamerland, écrits par lui-même en mogol, & trad. avec des notes & la vie de Timour par L. Langlès. *Paris, Didot*, 1787, *in-8.*

237 Réflexions politiques sur les Finances & le Commerce, par du Tot, avec l'Examen du Livre par M. Duverney. *La Haye, Vaillant*, 1738 & 1740, 4 *vol. in-12.*

238 De l'Administration des Finances de la France, par M. Necker. 1784, 3 *vol. in 8. br.*

239 Pieces du Mémoire instruct.f de la nouvelle Compagnie du Canal de Provence. *Manusc. in-fol. m. r.*

240 Recherches sur l'Administration générale de l'Argenterie, Menus plaisirs & Affaires de la Chambre du Roi, par M. Papillon de la Ferté. *in-4. manusc. m. r.*

241 Histoire du Commerce & de la Navigation des Anciens, par Huet. *Paris, Coustelier*, 1727, *in-12.*

242 Dictionnaire Universel de Commerce, par Jacq. & Philemon-Louis Savary. *Paris, Estienne*, 1723, 3 *vol. in fol.*

243 Essai politique sur le Commerce, par Melon. 1736, *in 12. v. f.*

244 Représentations aux Magistrats, contenant l'exposition raisonnée des faits relatifs à la liberté du Commerce des Grains. 1769, *in-8. v. éc.*

C

245 Dialogues sur le Commerce des Bleds, par l'Abbé Ga-
gliani. *Londres* (*Paris*), 1770, *in*-8. *v. éc.*

246 Sur la Législation & le Commerce des Grains, par M.
Necker. *Paris, Piffot*, 1775, *in*-8.

247 Traité sur les Bleds. *Manufc. in*-4. *m. r.*

MÉTAPHYSIQUE.

248 De la Recherche de la Vérité, par le P. Malebranche.
Paris, David, 1721, 4 *vol. in*-12.

249 Effais de Théodicée sur la bonté de Dieu, la liberté de
l'Homme & l'origine du mal, par Leibnitz. *Amft. Changuion*, 1734, 2 *vol. in*-12. *v. f.*

250 Effai philofophique, concernant l'Entendement humain,
par Locke, trad. de l'anglois par Cofte. *Amft. Mortier*,
1729, *in*-4.

251 Cours de Lectures sur les queftions les plus importantes
de la Métaphyque, de la Morale & de la Théologie, trad.
de l'anglois de Doddrige. *Liége, Plomteux*, 1768, 4 *vol.
in*-12.

252 Réflexions philofophiques sur l'Immortalité de l'Ame rai-
fonnable, trad. de l'allemand. *Amft. Merkus*, 1744, *in*-12.

253 Phédon, ou Entretiens sur la Spiritualité & l'Immortalité
de l'Ame, par Mofes Mendels-Sohn, trad. de l'allemand
par M. Junker. *Paris, Saillant*, 1771, *in*-8. *v. éc.*

254 Paradoxe sur l'incertitude, vanité & abus des Sciences,
trad. du latin de Henry Corn. Agrippa. 1603, *in*-12.

255 Réflexions philofophiques sur l'incertitude des connoiffan-
ces humaines, par le Marquis d'Argens. *La Haye, Paupie*,
1746, 2 *vol. in*-12. *v. m.*

256 Traité philofophique de la foibleffe de l'Efprit humain,
par P. Daniel Huet. *Amft. du Sauzet*, 1723, *in*-12.

257 Traité du Beau, par J. B. de Croufaz. *Amft. Chaftelain*,
1724, 2 *vol. in*-12. *v. f.*

258 Enchiridion Leonis Papæ. *Moguntiæ*, 1633, *in*-24.

259 La Philofophie occulte de H. Corn. Aggrippa, trad. du
latin. *La Haye, Alberts*, 1727, 2 *vol. in*-8.

260 Inftruction à la France sur la vérité de l'Hiftoire des Freres
de la Rofe-Croix, par G. Naudé. *Paris, Julliot*, 1623,
in-8.

261 Le Monde enchanté, par Balthafar Bekker, avec la Réfutation du fyftême de Bekker touchant l'exiftence & l'opé-
ration des Démons, par M. B. ***. *Amft.* 1694 & 1699,
5 *vol. in*-12.

262 De l'Imposture & Tromperie des Diables, des Enchan-
temens & Sorciers, trad. du latin de J. Vuier, par Jacq.
Grevin. *Paris, Dupuys, 1567, in-8.*

263 Des Satyres, Brutes, Monstres & Démons, de leur Nature & Adoration, par F. Hedelin. *Paris, Buon, 1627,
in-8.*

264 Des Spectres ou Apparitions & Visions d'Esprits, Anges
& Démons, par P. le Loyer. *Angers, Nepveu, 1586,
in-4.*

265 Traité historique & dogmatique sur les Apparitions, les
Visions & les Révélations, avec des Observations sur les
Dissertations de D. Calmet sur les Apparitions, par l'Abbé
Lenglet-Dufresnoy. *Paris, le Loup, 1751, 4 vol. in-12.
v. f.*

265 * Histoire critique des pratiques superstitieuses qui ont
séduit les Peuples & embarrassé les Sçavans, par le P. P. le
Brun. *Paris, Delaulne, 1732, 4 vol. in-12.*

266 Mirabilis liber qui Prophetias, revelationesque necnon
res mirandas præteritas, presentes & futuras apertè de-
monstrat. *in-8. goth. v. m.*

P H Y S I Q U E.

267 Dictionnaire des Merveilles de la nature, par M. Sigaud
de la Fond. *Paris, 1781, 2 vol. in-8. br.*

268 Bibliotheque de Physique & d'Histoire naturelle. *Paris,
David, 1758, 5 vol. in-12. v. m.*

269 Nouvelles vues sur le systême de l'Univers, par M. de
Pontbriant. *Paris, Chaubert, 1751, in-8. v. f.*

270 Physique du Monde, par M. le Baron de Marivetz & par
M. Goussier. *Paris, Quillau, 1780, 2 vol. in-4.*

271 Le Newtonianisme pour les Dames, trad. de l'italien
d'Algarotti par Duperron de Castera. *Paris, Montalant,
1738, 2 vol. in-12.*

272 Les Entretiens physiques du P. Regnault. *Paris, Clouzier, 1732, 5 vol. in-12. fig. v. f.*

273 Lettres à une Princesse d'Allemagne, sur divers sujets de
Physique & de Philosophie. *Berne, 1778, 3 vol. in-8.*

274 Leçons de Physique expérimentale, par l'Abbé Nollet.
Paris, Guérin, 1743, 6 vol. in-12. fig.

275 L'Art des Expériences, par le même. *Paris, Durand,
1770, 3 vol. in-12. fig.*

276 Recherches sur les causes particulieres des Phénomenes
électriques, par le même. *Paris, Guérin, 1749, in-12. fig.*

277 Traité de l'équilibre des Liqueurs & de la pesanteur de
la masse de l'air, par Pascal. *Paris, L'esprez, 1664, in-12.*

278 Traité des Liqueurs, Esprits ou Essences, & la manière
de s'en servir utilement, par Fr. Guislier du Verger. *Louvain, 1728, in-12.*

279 La Statique des Végétaux & l'Analyse de l'air, trad. de
l'anglois de Hales, par de Buffon. *Paris, Vincent, 1735, in-4. fig. m. r.*

280 Récréations Physiques, Économiques & Chimiques de
M. Model, trad. de l'allemand par M. Parmentier. *Paris, Monory, 1774, 2 vol. in-8.*

281 Campi Phlegraei, Observations sur les Volcans du Royaume des Deux-Siciles, par W. Hamilton, avec une Carte
& 54 planches enluminées d'après les dessins faits & coloriés sur la nature même, par le S. P. Fabris, avec le Supplément. *Naples, 1776, 3 vol. in-fol. en cart.*

282 Œuvres complettes de M. le Chev. Hamilton, commentées par M. l'Abbé Girau-Soulavie. *Paris, Moutard, 1781, in-8. fig. br.*

283 J. B. Portae Magiae naturalis libri xx. *Lugduni-Batav. de Vogel, 1644, in-12.*

HISTOIRE NATURELLE.

284 Dictionnaire Raisonné universel d'Histoire naturelle, par
Valmont de Bomare. *Paris, Didot, 1764, 6 vol. in-8.*

285 Histoire naturelle de Pline, trad. en franc. avec le texte
latin & des notes critiques par M. Poinsinet de Sivry. *Paris, veuve Desaint, 1771, 8 vol. in-4.*

286 Histoire naturelle de l'Univers, par Colonne. *Paris, Cailleau, 1734, 4 vol. in-12. fig. mar. r.*

287 Le Spectacle de la Nature, par l'Abbé Pluche. *Paris, Estienne, 1742, 9 vol. in-12. fig. v. f.*

288 Histoire naturelle générale & particuliere, avec la description du Cabinet du Roi, par MM. de Buffon & d'Aubenton. *Paris, de l'Impr. Royale, 1749, & années suivantes, 35 vol. in-4. v. m. fil. d. dont 6 en feuilles.*

289 Les Helviennes ou Lettres Provinciales Philosophiques,
par M. l'Abbé Baruel. *Paris, Moutard, 3 vol. in-12.*

290 Œuvres d'Histoire naturelle & de Philosophie de Ch.
Bonnet. *Neuchâtel, Fauche, 1779, 3 vol. in-4. fig.*

291 Histoire naturelle de la France Méridionale, par M.
l'Abbé Soulavie. *Paris, Merigot, 1783, 8 vol. in-8. br.*

292 Histoire des Animaux d'Aristote en grec, avec la Traduc-

tion françoife, par M. Camus. *Paris, veuve Defaint*, 1783,
2 *vol. in-4. v. éc. f.*

293 Hiftoire naturelle des Eftranges Poiffons Marins, avec la
vraie peincture du Daulphin, par P. Belon. *Paris, Chau-*
diere, 1551, *in-4. fig.*

294 Mémoires pour fervir à l'Hiftoire des Infectes, par de
Réaumur. *Paris, de l'Impr. Royale*, 1734, 6 *vol. in-4.*
fig. v. f

295 Les Commentaires de Matthiole fur Diofcoride, trad. par
Ant. du Pinet. *Lyon, de Ville*, 1680, *in-fol.*

296 Elémens de Botanique, par Jof. Pitton de Tournefort,
avec figures. *Paris, de l'Imprimerie Royale*, 1694, 3 *vol.*
in-8. m. r.

296 * La Botanique mife à la portée de tout le monde, ou Collection des Plantes d'ufage dans la Médecine, les Alimens
& dans les Arts, exécuté & publié par les fieur & dame
Regnault. *Paris*, 1774, 2 *vol. in-fol. fig. enluminées, en*
feuilles.

297 Flore Françoife, ou Defcription fuccincte de toutes les
plantes qui croiffent en France, par M. le Chev. de la
Marck. *Paris, de l'Imprimerie Royale*, 1768, 3 *vol. in-8.*
fig.

298 Traité des Arbres fruitiers, par M. Duhamel du Monceau. *Paris, Saillant*, 1768, 2 *vol. in-4. gr. pap. v. éc.*
d. f. tr.

299 Traité hiftorique des Plantes qui croiffent dans la Lorraine & les trois Évêchés, par P. J. Buchoz. *Nancy*, 1762,
10 *vol. in-12.*

300 Plantes de Lorraine, *in-4.*

301 Defcription des Plantes de l'Amérique avec leurs figures, par le P. Ch. Plumier. *Paris, de l'Imprimerie Royale,*
1693, *in-fol.*

AGRICULTURE.

302 Cours complet d'Agriculture, théorique, pratique, &c.
ou Dictionnaire Univerfel d'Agriculture, par M. l'Abbé
Rozier. *Paris*, 1781, 4 *vol. in-4. fig. br.*

303 Dictionnaire Univerfel d'Agriculture & de Jardinage.
Paris, David, 1751, 2 *vol. in-4. fig. v. f.*

304 Dictionnaire Œconomique, par Noël Chomel. *Paris,*
Eftienne, 1732, 2 *vol. in-fol.*

305 Journal Œconomique, ou Mémoires, Notes & Avis
fur les Arts, l'Agriculture & le Commerce, années 175 ?

à 1764. *Paris, Boudet*, 1751 *& suiv.* 34 *vol. in-12. & in-8.*

306 Les Agrémens de la Campagne. *Paris, David*, 1752, 3 *vol. in 12. fig. v. f.*

307 Traité de la Culture des terres, suivant les principes de Tull, par Duhamel du Monceau. *Paris, Guérin*, 1753, 2 *vol. in-12. fig.*

308 La Théorie & la Pratique du Jardinage, par l'Abbé Roger Schabol. *Paris, Desprez*, 1767, *in-8. fig. tome* 1.

309 L'Art de faire éclore & d'élever en toute saison des Oiseaux domestiques de toute espèce par le moyen de la chaleur, par de Réaumur. *Paris, de l'Imprimerie Royale*, 1751, 3 *vol. in-12.*

MÉDECINE.

310 Histoire de la Médecine depuis Galien, trad. de l'anglois de J. Freind. *Paris, Vincent*, 1728, *in-4.*

311 Histoire de la Médecine, par Dan. le Clerc. *La Haye, Van der Kloot*, 1729, *in-4.*

313 Dictionnaire Universel de Médecine, de Chirurgie, &c. avec un Discours historique sur l'origine & les progrès de la Médecine, trad. de l'anglois de James, par Diderot, Eidous & Toussaint; revu & augmenté par Julien Busson. *Paris, Briasson*, 1746, 6 *vol. in-fol.*

314 Dictionnnaire Universel & Raisonné de Médecine, de Chirurgie & de l'Art Vétérinaire. *Paris, Duchesne*, 1772, 6 *vol. in-8.*

314 La Médecine raisonnée de Fréd. Hoffmann, trad. par Jacq. J. Bruhier. *Paris, Briasson*, 1751, 9 *vol. in-12.*

315 Jo. Cl. Adriani Helvetii principia Physico-Medicæ. *Parisiis, Pierres*, 1752, 2 *vol. in-8. v. m.*

316 Jos. Lieutaud Synopsis universæ praxeos Medicæ. *Parisiis, Didot jeune*, 1770, 2 *vol. in-4. c. m. mar. r.*

317 Essais & Observations de Médecine de la Société d'Edinbourg, trad. de l'anglois par M. P. Demours. *Paris, Coignard*, 1740, 7 *vol. in-12.*

318 Observations de Médecine par Jos. Raulin. *Paris, Moreau*, 1754. — Traité des Maladies occasionnées par les excès de chaleur, de froid, &c. par le même. *Paris, de la Guette*, 1756. — Traité des Fleurs blanches, par le même. *Paris, Hérissant*, 1766. — Traité des Affections vaporeuses du Sexe, par le même. *Paris, Hérissant*, 1758. — Traité des maladies des Femmes en couche, par le

même. *Paris*, *Vincent*, 1771. — De la Conservation des Enfans, par le même. *Paris*, 1768. — Traité des Eaux minérales, par le même. *Paris*. — Traité des Eaux minérales de Verduffan. *Paris*, 13 *vol. in-12. mar. r.*

319 Observations & Réflexions sur la Colique de Poitou, ou des Peintres, par Combalufier. *Paris*, *de Bure*, 1761, *in-12. m. r.*

320 Essai sur les Fiévres aiguës, par M. la Montagne. *Bordeaux*, *la Bottiere*, 1762, *in-12. m. r.*

321 Recherches sur les maladies Chroniques, particulierement sur les hydropisies, par M. Bacher. *Paris*, *Thiboust*, 1776, *in-8. v. éc.*

322 Recherches sur la Nature de l'homme, confidéré dans l'état de santé & de maladie, par M. Fabre. *Paris*, *Delalain*, 1776; *in-8. br.*

323 Traité des Dartres, par M. Poupart. *Paris*, *Méquignon*, 1784, *in-12. m. r.*

324 Manuel sur les propriétés de l'eau, par M. Macquart. *Paris*, *Nyon*, 1783, *in-8. br.*

325 Essai sur les Alimens & sur leur usage, par Lorry. *Paris*, *Vincent*, 1754, 2 *vol. in-12. v. f.*

326 Traité des effets & de l'usage de la Saignée, par Fr. Quesnay. *Paris*, *d'Houry*, 1750, *in-12. v. f.*

327 Traité des affections Vaporeuses des deux sexes, par M. Pomme. *Lyon*, *Duplain*, 1765, *in-8.*

328 Traité des maladies des Femmes grosses & de celles qui sont accouchées, par Fr. Mauriceau. *Paris*, 1721, 2 *vol. in-4.*

329 Essai sur l'éducation médicinale des Enfans & sur leurs maladies, par M. Brouzet. *Paris*, *Cavelier*, 1752, 2 *vol. in-12. v. f.*

330 Recherches & Observations sur toutes les parties de l'art du Dentiste, par Bourdet. *Paris*, *Hériffant*, 1757, 2 *vol. in-12. v. f.*

331 Joan. Henr. Meibomii de flagrorum usu in re Venereâ, & Lumborum renumque officio. *Londini*, 1665, *in-32. m. c.*

332 L'Art de faire des garçons. *Montpellier*, 2 *vol. in-12.*

333 Traité des Eunuques (par Ch. Ancillon). 1706, *in-12.*

334 Les Dons de Comus, ou l'art de la Cuisine. *Paris*, veuve *Piffot*, 1742, 4 *vol. in-12. v. f.*

335 Dictionnaire portatif de Cuisine, d'Office & de Distillation. *Paris*, *Lottin*, 1770, *in-8.*

336 Œuvres charitables de Philbert Guybert. *Paris*, *Marette*, 1648, *in-8.*

337 Les secrets & merveilles de la Nature, par J. J. Wecker.
Rouen, Berthelin, 1651, *in*-8.

338 La Médecine, la Chirurgie & la Pharmacie des pauvres,
par Phil. Hecquet. *Paris, David*, 1749, 4 *vol. in*-12.

339 Legs d'un ancien Médecin à sa patrie, trad. de l'anglois
de Dover. *La Haye, Scheurleer*, 1734, *in*-12.

340 Les secrets de la Nature & de l'Art, développés pour les
Alimens, la Médecine, les Arts & Métiers. *Paris, Durand*, 1769, 4 *vol. in*-12. *v. éc.*

CHIRURGIE, ANATOMIE.

341 Histoire de la Chirurgie, par M. Dujardin. *Paris, de
l'Imprimerie Royale*, 1774, *in*-4. *br.*

342 Anatomie de la Tête, en tableaux imprimés en couleur,
par Gautier. *Paris, Quillau*, 1748, *in-fol. m. r.*

343 Tableau de l'Amour Conjugal, par Nic. Venette. *Amst.
Mortier*, 1732, 2 *vol. in*-12. *fig.*

344 La Génération, ou Exposition des phénomenes relatifs à
cette fonction naturelle, trad. de la Physiologie de Haller.
Paris, 1774, 2 *vol. in*-8. *br.*

PHARMACIE, CHYMIE.

345 Pharmacopée universelle, par Nic. Lemery. *Paris*, 1716,
in-4.

346 Theatrum Chemicum, præcipuos Selectorum Auctorum
Tractatus de Chemiæ & Lapidis Philosophici antiquitate,
veritate, &c. continens. *Argentorati, Zelznerus*, 1613,
6 *vol. in*-8.

347 Herm. Boerhaave Elementa Chemiæ. *Lugd. Batavor.
Severinus*, 1732, 2 *vol. in*-4. *v. f.*

348 Cours de Chymie, par Nic. Lemery. *Paris, Delespine*,
1713, *in*-8.

349 Dictionnaire de Chymie. *Paris, Lacombe*, 1766, 2 *vol.
in*-8.

ALCHYMIE.

350 Histoire de la Philosophie Hermétique, accompagnée
d'un Catalogue des Écrivains de cette science. *Paris,
Coustelier*, 1742, 2 *vol. in*-12. *v. f.*

351 Hermanni Conringii de Hermetica Ægyptiornm vetere &
Paracelsicorum nova Medicina liber. *Helmstadii, Mullerus*,
1648, *in*-4.

352 Aurea Catena Homeri —— Introduction en la connoissance de la véritable & sublime Philosophie. *in-fol. manusc. très-bien écrit.*

MATHÉMATIQUES.

353 Veterum Mathematicorum opera gr. & lat. *Parisiis, é Typogr. Regiâ*, 1693, *in-fol. v. m.*

354 Divers Ouvrages de Mathématique & de Physique, par Messieurs de l'Académie Royale des Sciences. *Paris, de l'Imprimerie Royale*, 1693, *in-fol.*

355 Recueil d'Ouvrages curieux de Mathématique & de Méchanique, par Grollier de Serviere. *Lyon, Forey*, 1733, *in-4. fig.*

356 Problêmes plaisans & délectables qui se font par les nombres, par Cl. Gaspard Bachet de Meziriac. *Lyon, Rigaud*, 1612. —— Bened. Balduini Calceus Antiquus & Mysticus. *Parisiis, Langlæus*, 1615, *in-8.*

357 Essai d'Analyse sur les Jeux de hasard, par Montmaur. *Paris, Jombert*, 1714, *in-4.*

358 Essais d'Analyse & du Calcul intégral, par M. le Marquis de Condorcet. *Paris, Didot*, 1755, 2 *vol. in-4.*

359 La Gnomonique pratique, par D. Fr. Bedos de Celles. *Paris, Delalain*, 1774, *in-8. fig.*

ASTRONOMIE.

360 Recueil d'Observations faites en plusieurs voyages, par ordre de Sa Majesté, pour perfectionner l'Astronomie & la Geographie, par Messieurs de l'Académie Royale des Sciences. *Paris, de l'Imprimerie Royale*, 1693, *in-fol.*

ASTROLOGIE.

361 Fr. Allæi Arabis Christ. (Yvonis Parisini Capucini) Astrologiæ nova methodus. 1654, *in-fol. m. c. On a ajouté à la main dans cet Exemplaire des additions qui ne s'y trouvent pas ordinairement, & qui ont été copiées sur l'Exemplaire de la Bibliotheque du Roi.*

362 Traduction Françoise du précédent Ouvrage. *Manuscrit in-fol. bien écrit en* 1634.

363 Histoire du mouvement de l'Apogée du Soleil, ou Pratique des régles de l'Astronomie pour juger des événemens généraux, par le Comte de Boullainᴧilliers. 1771, *in-4. manusc.*

D

364 Joan. Taifnierii Opus Mathematicum, complectens innu-
meris figuris manuum & Phyfiognomiæ & Chiromentiæ
theoricam praxin, doctrinam. *Coloniæ-Agrippinæ*, 1583,
in-fol.

365 L'Ufage des Ephémerides, avec la méthode de dreffer &
corriger toutes fortes de figures céleftes, & juger par le
moyen d'icelles, des diverfes conftitutions des temps & fai-
fons, & de toutes les chofes qui en dépendent, comme font
Guerres, Peftes, Famines, Mortalités, &c. par Ant. de
Villon. *Paris, Moreau*, 1624, *2 vol. in-8.*

366 Traité Aftrologique des jugemens des thêmes Génetliaques
pour tous les accidens qui arrivent à l'homme après fa naiffance, colligé par Henri Rantzau, fait en françois par Jacq.
Aleaume. *Paris, Ménard*, 1657, *in-8.*

367 Andreæ Argoli Ptolomæus parvus, in Genethliacis junctus
Arabibus. *Lugduni, Huguetan*, 1659, *in-4.*

368 Commentaires du fieur de Chavigny fur les Centuries de
Mich. de Noftradamus. *Paris, du Breuil*, 1596, *in-8.*

HYDROGRAPHIE.

369 Traité des Rivieres & des Torrens, par le P. Frifi,
augmenté du traité des Canaux navigables, trad. de l'Italien. *Paris, de l'Imprimerie Royale*, 1774, *in-4.*

MUSIQUE.

370 Hiftoire de la Mufique depuis fon origine jufqu'à préfent,
par Bourdelot. *La Haye*, 1743, *4 tomes en 2 vol. in-12.*
v. m

371 Dialogue fur la Mufique des Anciens, par l'Abbé de Châ-
teauneuf. *Paris, veuve Piffot*, 1735, *in-12. fig.*

372 Dictionnaire Lyrique portatif, mis en ordre par M. Du-
breuil. *Paris, la Combe*, 1766, *2 vol. in-8. v. éc.*

373 La Buona Figliola, Opera boufon, mufique de M. Pic-
cini. *Paris, in-fol. m. r.*

ARTS.

I. *Dictionnaires, & Traités généraux des Arts libéraux*
& méchaniques.

374 Dictionnaire des Arts & des Sciences, par Th. Corneille.
Paris, 1732, *2 vol. in-fol.*

375 Encyclopédie, ou Dictionnaire raisonné des Sciences, des Arts & des Métiers, recueilli des meilleurs Auteurs, & mis en ordre par Diderot & Dalembert, avec le Supplément. *Paris*, *Briaffon*, 1751, 33 *vol. in-fol.*

376 Defcriptions des Arts & Métiers, faites ou approuvées par Meffieurs de l'Académie des Sciences *Paris*, 1761, *& années fuivantes*, 25 *vol. in fol. demi-rel.*

377 Dictionnaire des Origines, ou Époques des Inventions utiles, des Découvertes importantes, &c. *Paris*, *Baftien*, 1777, 6 *vol. in* 8.

378 Secrets concernant les Arts & Métiers. *Rouen*, *Ferrand*, 1724, 4 *vol. in-12.*

379 Defcriptions, propriétés & figures gravées des nouvelles Pompes fans cuirs de M. Darles de Linière. *Paris*, *Boudet*, 1768, *in-4.*

II. *Arts du Deffin*, *de la Peinture*, *de la Sculpture & de la Gravure.*

380 Traité de Peinture, par M. Dandré-Bardon. *Paris. Saillant*, 1765, 2 *vol. in-12. v. éc.*

381 Traité des Couleurs pour la Peinture en émail, & fur la Porcelaine, par d'Arclais de Montamy. *Paris*, *Cavelier.* 1765, *in-12. m. v.*

382 Catalogue raifonné des Tableaux du Roï, avec un Abrégé de la vie des Peintres, par M. Lépicié. *Paris*, *de l'Impr. Royale*, 1752, 2 *vol. in-4. v. éc.*

383 Catalogue raifonné des différentes curiofités du Cabinet de Quentin de Lorangere, par Gerfaint. *Paris*, *Barrois*, 1744, *in-12. avec les prix.*

384 Dictionnaire des Graveurs anciens & modernes depuis l'origine de la Gravure, avec une notice des principales Eftampes qu'ils ont gravées, fuivi des Catalogues des Œuvres de Jacq. Jordans & de Corn. Viffcher, par Franç. Bafan. *Paris*, *Durand*, 1767, 3 *vol. in 12. gr. pap. v. éc.*

385 Profopographia, five Virtutum, Vitiorum & Affectuum variorum Delineatio, Imaginibus expreffa à Phil. Gallæo, diftichis à Corn. Kiliano Duflæo illuftrata, *in-8.*

386 Venationes Ferarum, Avium, Pifcium, depictæ à Jo. Stradano, editæ à Phil. Gallæo, carmine illuftratæ à Corn. Kiliano Duflæo. *in-4. fig.*

D ij

ARCHITECTURE.

387 Difcours fur les Monumens publics de tous les Ages &
de tous les Peuples, fuivi d'une Defcription de Monument
projeté à la gloire de Louis XVI, par M. l'Abbé de Lu-
berfac. *Paris, de l'Imprimerie Royale*, 1775, *in fol. fig.*

388 Architettura di M. Vitruvio Pollione colla traduzione
Italiana e comento di Bern. Galiani. *In Napoli*, 1758,
in-fol. fig. m. bl.

389 Les plus excellens Baftimens de France, par Jacq. An-
drouet du Cerceau. *Paris*, 1607, *2 tomes en un vol. in fol.
fig.*

390 Vues de Paris, de fes Palais, Eglifes & des Chafteaux
des environs, gravées par Ifraël, Sylveftre, Marot, Callot, &c. *in-fol.*

391 Architecture Françoife, ou Recueil des Plans, Eléva-
tions, Coupes & Profils des Maifons Royales, Palais, Hôtels
& Édifices les plus confidérables de Paris, par Jacq. Fr.
Blondel. *Paris, Jombert*, 1751, *4 vol. in fol. fig. v. f.*

392 Defcription hiftorique de l'Hôtel Royal des Invalides, par
l'Abbé Pérau, avec les Plans, Coupes, Elévations, Peintures & Sculptures deffinées & gravées par M. Cochin.
Paris, Defprez, 1756, *in fol.*

393 Monumens érigés en France à la gloire de Louis XV, par
M. Patte. *Paris, Defaint*, 1765, *in-fol. gr. pap. fig. m. r.*

394 Salle de Spectacle de Bordeaux, par M. Louis. *Paris,
Efprit*, 1782, *in-fol. mar. r.*

395 Détail de tous les différens Départemens des Bâtimens
du Roi. *Manufc. in-fol. m. r.*

396 Les plus beaux édifices de Rome moderne, deffinés par
J. Barbault, & gravés en quarante-quatre grandes planches
par d'habiles Maîtres, avec la defcription hiftorique. *Rome,
Bouchard*, 1763, *in-fol.. m. v. éc.*

397 Le Fabriche e Vedute di Venetia difegnate e intagliate
da Luca Carlevariis. *In Venetia, Finazzi*, 1703, *in-4. obl.*

398 Nouvelle Méthode d'encaiffement, pour fonder facile-
ment & folidement à telle profondeur qu'il fera néceffaire
dans les Rivieres, les Marais & dans la Mer, par M. Tar-
dif. *Paris, Chaubert*, 1757, *in fol. m. figures enluminées.*

399 Recherches fur la préparation que les Romains donnoient
à la Chaux, par M. de la Faye, avec le Mémoire pour
pour fervir de fuite. *Paris, de l'Imprimerie Royale*, 1777,
2 vol. in 8. v. f.

ARCHITECTURE NAVALE.

400 La Marine des anciens Peuples expliquée par M. le Roy. *Paris , Nyon*, 1777, *in-8. fig. m. r.*

401 Traité de la fabrique des manœuvres pour les Vaiffeaux, ou l'Art de la Corderie, par M. du Hamel du Monceau. *Paris, de l'Imprimerie Royale*, 1747, *in-4. v. éc.*

402 Marine militaire par Ozanne. *Paris, in-4. br.*

403 Tableau des Pavillons que l'on arbore fur les Vaiffeaux, monté fur gorge.

ART MILITAIRE.

404 De l'Efprit militaire. *La Haye*, 1785, *in-8. m. r.*

405 Le parfait Capitaine, par le Duc de Rohan. *Paris, le Gras*, 1658, *in-12. m. r.*

406 Abrégé des Commentaires de Folard fur l'hiftoire de Polybe. *Paris, Jombert*, 1754, 3 *vol. in-4. fig. v. f.*

407 Sentimens d'un Homme de guerre fur le fyftême du Chev. Folard. *La Haye, van Duren*, 1732, *in-4.*

408 Art de la Guerre, par principes & par régles, par le Maréchal de Puyfégur. *Paris, Jombert*, 1749, 2 *vol. in-4. fig. v. f.*

409 Réflexions militaires & politiques, trad. de l'efpagnol du Marquis de Santa-Cruz, par M. de Vergy. *Paris, Cloufier*, 1738, 10 *vol. in-12. v. f.*

410 Les Rêveries, ou Mémoires fur l'Art de la Guerre de Maurice Comte de Saxe, par M. de Bonneville. *La Haye, Goffe*, 1756, *in-fol. fig.*

411 Mémoires militaires fur les Grecs & fur les Romains, par Ch. Guifchardt. *La Haye, de Hondt*, 1758, 2 *vol. in-4. fig. v. éc.*

412 Mémoires fur la Guerre, par le Marquis de Feuquiere. 2 *vol. in-fol. manufc.*

413 Effai fur l'Art de la Guerre par M. le Comte Turpin de Criffé. *Paris, Prault*, 1754, 2 *vol. in-4.*

414 Commentaires fur les Mémoires de Montecuculi, par M. le Comte Turpin de Criffé. *Paris, Lacombe*, 1769, 3 *vol. in-4. fig. d. f. ir.*

415 Collection des Lettres & Mémoires trouvés dans les portefeuilles du Maréchal de Turenne, par M. le Comte de Grimoard. *Paris, Nyon*, 1782, 2 *vol. in-fol.*

416 Campagne du Maréchal de Créqui en Allemagne, en 1677, *in fol. manufc.*

417 Campagnes du Maréchal de Luxembourg en 1690, 1691, 1692, 1693 & 1694. 2 *vol. in-fol. obl. manusc. avec les plans lavés, v. éc.*

418 Histoire militaire de Flandre, depuis 1698 jusqu'en 1694, par le Chev. de Beaurain. *Paris, Jombert, 1755, 2 vol. in-fol. avec cartes, m. bl.*

419 Mémoires militaires du Duc de Luxembourg, par le même. *La Haye, Gibert, 1756, 2 vol. in-4. fig. v. éc.*

420 Lettres de M. de Chamillard à M. le Duc de la Feuillade, & Lettres diverses de M. de la Feuillade. Lettres de M. le Duc de Vendôme au Duc de la Feuillade, originales pour la plus grande partie, années 1703, 1704, 1705 & 1706, *6 vol. in-fol. manusc.*

421 Repræsentatio belli ob succeffionem in Regno Hifpanico, cura Jeremiæ Wolfii. *Augustæ, Vindel. in-fol. m.*

422 Campagne du Maréchal de Villars en Allemagne en 1703. *Amst. Rey, 1762, 2 vol. in-12*

423 Mémoires des Expéditions militaires qui se font faites en Allemagne, en Hollande, &c. depuis le Traité d'Aix-la-Chapelle. *Paris, Braffon, 1734, 2 vol. in-12.*

424 Campagne du Maréchal de Noailles en Allemagne, l'an 1743. *Amst., Rey, 1760, 2 vol. in-12.*

425 Campagne du Duc de Coigny en Allemagne, l'an 1743. *Amst. Rey, 1761, 3 vol. in-12.*

426 Histoire des Campagnes de M. le Maréchal de Maillebois en Italie, pendant les années 1745 & 1746, par le Marquis de Pefay. *Paris, de l'Imprimerie Royale, 1775, 3 vol. in-4.*

427 Cartes Géographiques, Topographiques, Plans des Marches, Campemens, Villes, Siéges & Batailles, & de toutes les Opérations militaires, exécutées en Italie, pendant les Campagnes de 1745 & 1746, par les Armées combinées de France & d'Espagne, commandées par M. le Maréchal de Maillebois ; par le Marquis de Pezay. 1775, *in fol. m.*

428 Le Parfait Aide-de-Camp, par le Rouge. *Paris, 1760, in-8. fig. v. éc.*

429 Mémoires sur le service journalier de l'Infanterie. *in fol. manusc.*

430 Exercice de l'Infanterie françoise, ordonné par le Roi en 1755, deffiné d'aprés nature, & gravé par S. R. Baudouin. *Paris, 1757, in-fol.*

431 Mémoires militaires, par Laurent Volaire. 2 *vol. in-8. manusc.*

432 Réflexions critiques sur les différens Systêmes de Tactique de Folard. *Paris, Giffart*, 1756, *in-4*.

433 Essai général de Tactique, par **M.** Guibert. *Londres*, 1772, *2 tomes en un vol. in-4*.

434 Remarques sur quelques articles de l'Essai général de Tactique. *Turin, Reycends*, 1773, *in-8*.

435 Plan des différentes manœuvres qui doivent être exécutées devant le Roi au Camp de Verberie en 1769, par la division aux ordres du Comte de Rochambeau. *Manusc. in-4. m. r.*

436 Commentaires sur la défense des Places d'Æneas le Tacticien, par **M.** le Comte de Beausobre. *Paris, Pissot*, 1757, *2 tomes en un vol. in-4*.

437 Mémoires pour l'attaque & la défense d'une Place, par Goulon. *La Haye, Gosse*, 1730, *in 8. fig. v. f.*

438 Élémens de Fortification, de l'attaque & de la défense des Places, par **M.** Trincano. *Paris, Musier*, 1767, *in-8. fig. m. r.*

439 La Fortification perpendiculaire, par **M.** le Marquis de Montalembert. *Paris, Pierres*, 1776, *4 vol. in-4. fig.*

440 Plans & Journaux des Sieges de la derniere guerre de Flandres. *La Haye, Gosse*, 1756, *in-4*.

441 L'Artillerie nouvelle, ou Examen des changemens faits dans l'Artillerie Françoise depuis 1765, par **M. * * ***. *Amst.* 1773, *in-8. v. éc.*

442 Lettres d'un Officier d'Artillerie à un Officier Général sur les questions qui agitent l'Artillerie. *Amst. Merkus*, 1774, *in-8. v. éc.*

443 La Charge des Gouverneurs des Places, par Ant. de Ville. *Paris, Guillemot*, 1639. —— Les Mémoires & Recherches de France & de la Gaule Aquitanique, par J. de la Haye, Baron des Couteaux. *Poictiers, Mounin*, 1643, *in fol. fig.*

444 École Militaire, par **M.** l'Abbé Raynal. *Paris, Durand*, 1762, *3 vol. in-12*.

Art Pyrotechnique ou du Feu.

445 Examen de la Poudre, trad. de l'ital. par **M.** le Vicomte de Flavigny. *Paris, Jombert*, 1773, *in-8. fig. v. f.*

446 Traité des Feux d'artifice pour le Spectacle, par Frezier. *Paris, Nyon*, 1747, *in-8. v. f.*

ART GYMNASTIQUE.

447 Libro de Marchi de Cavalli, con li nomi di tutti li Principi e privati Signori che hanno razza di Cavalli. *In Venetia*, 1588, *in-16. fig.*

448 La Parfaite connoiſſance des Chevaux, par J. de Saunier. *La Haye, Moetjens, 1734, in-fol. fig. v. m.*

449 L'Art du Manége, par M. le Baron de Sind. *Paris, Deſprez, 1774, in-8. fig. v. f.*

450 Le Roy Modus des Déduits de la Chaſſe, Vénerie & Fauconnerie. *Paris, Sertenas, 1560, in-8. fig.*

BELLES-LETTRES.

PRINCIPES ET TRAITÉS GÉNÉRAUX ET RAISONNÉS DE GRAMMAIRE.

451 TRAITÉ des Études, par Ch. Rollin. *Paris, Eſtienne, 1730, 4 vol. in-12.*

452 Le même. *Paris, Eſtienne, 1740, 2 vol. in-4.*

Grammaires & Dictionnaires de différentes Langues.

453 Monde primitif, analyſé & comparé avec le Monde moderne, conſidéré dans l'Hiſtoire univerſelle de la parole, ou Grammaire univerſelle & comparative, par Court de Gebelin. *Paris, Boudet, 1774 & années ſuivantes, 9 vol. in-4. le premier manq.*

454 Lud. Thomaſſini, Gloſſarium univerſale Hebraïcum, quo ad Hebr. Lingua fontes linguæ & dialecti penè omnes revocantur. *Pariſiis, è Typographiâ Regiâ, 1697, in-fol.*

455 Car. du Freſne Domini Ducange Gloſſarium ad Scriptores mediæ & infimæ latinitatis, ex novâ editione Monachorum Ordinis S. Benedicti, Congregat. S. Mauri. *Pariſiis, Oſmont, 1733, 6 vol. in fol.*

456 Gloſſarium novum ad Scriptores medii ævi cum Latinos, tum Gallicos, ſeu Supplementum ad Auctiorem gloſſarii Cangiani editionem, collegit & digeſſit D. P. Carpentier. *Pariſiis, le Breton, 1766, 4 vol. in fol.*

[33]

457 Grammaire générale & raisonnée, par Ant. Arnauld, *Paris*, *le Petit*, 1664, *in-12.*

458 Traicté de la conformité du langage françois avec le grec, par H. Estienne. *Paris*, *du Puys*, 1569, *in-8.*

459 Dictionnaire Étymologique, ou Origines de la Langue françoise, par Ménage, avec les Origines françoises de Caseneuve. *Paris*, *Anisson*, 1694, *in fol.*

460 Dictionnaire de l'Académie Françoise. *Paris*, *Coignard*, 1718, 2 *vol. in fol.*

461 Le même, nouv. édition. *Paris*, *Brunet*, 1762, 2 *vol. in-fol.*

462 Vocabulaire François, ou Abrégé du Dictionnaire de l'Académie Françoise. *Paris*, *Regnard*, 1771, 2 *vol. in-8.*

463 Dictionnaire Universel françois & latin, connu sous le nom de Trevoux. *Paris*, *Rollin*, 1732, 6 *vol. in fol.*

464 Dictionnaire de la Langue françoise, anc. & moderne, de P. Richelet, édition augmentée. *Lyon*, *Duplain*, 1759, 3 *vol. in-fol.*

465 Le grand Dictionnaire des Précieuses, par de Somaize. *Paris*, *Ribou*, 1661, 2 *vol. in 8.*

466 Dictionnaire Comique, Satyrique, Critique, Burlesque, Libre & Proverbial, par Philibert Joseph le Roux. *Amst. le Cene*, 1718, *in-8 v. f.*

467 Dictionnaire Impérial des quatre Langues principales de l'Europe, Italienne, Françoise, Allemande & Latine, par J. Veneroni. *Francfort*, *Joung*, 714, 3 *vol. in-4. m. r.*

468 Dictionnaire Italien & François, par Veneroni. *Paris*, *David*, 1723, 2 *tomes en un vol. in-4.*

469 Dictionnaire Italien & François, François & Italien, par l'Abbé Antonini. *Lyon*, *Duplain*, 1770, 2 *vol. in-4.*

470 Dictionnaire Espagnol & François, par Franc. Sobrino. *Bruxelles*, *Foppens*, 1721, 2 *tomes en un vol. in-4.*

471 Dictionnaire François-Allemand & Allemand-François, par P. Rondeau. *Leipsig*, 1711, 2 *tomes en un vol. in 4.*

472 Dictionnaire François-Anglois & Anglois-François, par Boyer. *Amst. Humbert*, 1727, 2 *tomes en un vol. in-4.*

473 Vocabulaire Malache & François & François-Malache, par M. Challan. *A l'Isle de France*, 1773, *in-8. br.*

RHÉTORIQUE.

474 Themistii Orationes XXXIII, gr. & lat. Dion. Petavius edidit & notis illustravit. *Parisiis*, *è Typographiâ Regiâ*, 1684, *in-fol.*

E

475 Traduction du Traité de l'Orateur de Ciceron, avec des notes par Colin. *Paris*, 1737, & 14 *vol. in-12.* de diverses Traductions de Ciceron.

476 Les Oraisons de Ciceron, trad. en franç. avec des remarques par de Villefore. *Paris, Gandouin*, 1732, 8 *vol. in-12.*

477 Les Offices de Ciceron, trad. en franç. avec des notes par du Bois. *Paris, Coignard*, 1692, *in-8.*

478 Tusculanes de Ciceron, trad. par Bouhier & d'Olivet. *Paris, Gandouin*, 1747, 3 *vol. in-12.*

479 Lettres familieres de Ciceron, trad. en franç. avec des notes par l'Abbé Prevost. *Paris, Didot*, 1745, 5 *vol. in-12.*

480 Lettres de Cicéron à Atticus, avec des remarques par L. Mongault. *Paris, Delaulne*, 1714, 6 *vol. in-12.*

481 Lettres de Ciceron à M. Brutus & de Brutus à Ciceron, trad. par l'Abbé Prevost. *Paris, Didot*, 1744, *in-12,*

482 Éloge de J. B. Colbert. *Paris, Brunet*, 1773. — Sur la Législation & le Commerce des Grains, par M. Necker. *Paris, Pissot*, 1775, *in-8. v. m.*

483 Éloges de Catinat, de Fénelon & de Colbert. *Paris,* 1775, *in-8. v. éc.*

POÉTIQUE.

Introduction à la Poésie, ou Traités généraux & particuliers de Poétique.

484 La Poétique d'Aristote, trad. en franç. avec des remarques par A. Dacier. *Paris, Barbin*, 1692, *in-4. m. r.*

485 Les quatre Poétiques d'Aristote, d'Horace, de Vida & de Despréaux, avec les traductions & des remarques par l'Abbé Batteux. *Paris, Nyon*, 1771, 2 *vol. in-8. pap. d'Holl. mar. r.*

Poëtes anciens Grecs & Latins.

486 L'Iliade & l'Odyssée d'Homere, trad. en franç. avec des remarques par Madame Dacier. *Paris, Rigaud*, 1711, 6 *vol. in-12.*

487 L'Iliade d'Homere, trad. en vers, avec des remarques sur Homere par de Rochefort. *Paris, Nyon*, 1772, 3 *vol in-8. v. éc.*

488 La même, trad. en vers françois par le même. *Paris, de l'Imprimerie Royale*, 1781, 2 *vol. in-4. v. m.*

489 Œuvres complettes d'Homere, traduction nouvelle, avec des notes par M. Gin. *Paris*, *Serviere*, 1784, 6 vol. *in-12. br.*

490 L'Iliade d'Homere, trad. en vers par M. Dobremès. *Paris*, *Nyon*, 1784, 3 vol. *in-8. br.*

491 Les Odes Pythiques de Pindare, trad. avec des remarques par M. Chabanon. *Paris*, *Lacombe*, 1772, *in-8. v. éc.*

492 Idylles de Théocrite, trad. en prose, avec quelques imitations en vers, précédées d'un Essai sur les Poëtes Bucoliques (par le même). *Paris*, *Pissot*, 1777, *in-12. v. éc.*

493 Les Poésies d'Anacréon & de Sapho, trad. en franç. avec des remarques par Madame Dacier. *Amst. Marret*, 1716, *in-8.*

494 Le Théâtre des Grecs, par le P. Brumoy. *Paris*, *Rollin*, 1730, 3 vol. *in-4. gr. pap.*

495 Corpus omnium Veterum Poëtarum Latinorum. Mich. Maittaire edidit. *Londini*, *Vaillant*, 1721, 2 vol. *in fol.*

496 Di Tito Lucrezio Caro della natura delle cose libri sei, trad. da Aless. Marchetti. *In Amst. (Parigi)* 1754, 2 vol. *in-8. pap. d'Holl. fig. mar. r. dent.*

497 Les Œuvres de Plaute en latin & en françois, par H. P. de Limiers. *Amst.* 1719, 10 vol. *in-12. fig. v. f.*

498 P. Terentii Comœdiæ, italicis versibus redditæ, cum Personarum figuris æri accuratè incisis. *Urbini*, *Mainardi*, 1736, *in fol.*

499 Les Comédies de Térence, traduites en françois, avec des remarques par Madame Dacier. *Paris*, *Thierry*, 1688, 3 vol. *in-12. l. r. mar. r.*

500 Les Comédies de Térence, traduction nouvelle, avec le texte latin à côté, & des notes, par M. l'Abbé le Monnier. *Paris*, *Jombert*, 1771, 3 vol. *in-8. fig. de Cochin, mar. v.*

501 Publii Virgilii Maronis Opera. *Birminghamiæ*, *Typis Jo. Baskerville*, 1757, *in-4. prima edit.*

502 Les Œuvres de Virgile, traduites en françois, avec des notes, par de la Landelle de S. Remy. *Paris*, *Barbou*, 1736, 4 vol. *in-8.*

503 Les Géorgiques de Virgile, traduction nouvelle en vers françois, enrichies de notes & de figures, par M. Delille. *Paris*, *Bleuet*, 1770, *in-8. v. éc.*

504 L'Eneide di Virgilio del C. Annibal Caro. *In Parigi*, *Quillau*, 1760, 2 vol. *in-8. fig. v. éc.*

505 Quinti Horatii Flacci Opera. *Londini*, *Æneis tabulis incidit Jo. Pine.* 1733, 2 vol. *in-8. mar. bl. dent.*

E ij

506 Œuvres d'Horace en latin & en françois, avec des remarques critiques & historiques par Dacier. *Amft. Weiftein,* 1727, 10 *vol. in-12.*

507 Les Métamorphofes d'Ovide en latin & en françois, avec des remarques & des explications hiftoriques, par l'Abbé Ant. Banier, & des figures gravées en taille-douce, par Bern. Picart. *Amft. Weiftein,* 1732, 2 *vol. in-fol.*

508 Les mêmes, avec des figures gravées fur les deffins des meilleurs Peintres François, par les foins des fieurs le Mire & Bafan *Paris, Defpilly,* 1767, 4 *vol. in-4. v. m. d. f. tr.*

509 Commentaires fur les Épîtres d'Ovide, par Gafpard Bachet de Meziriac. *La Haye, du Sauzet,* 1716, 2 *vol. in-8. v. f.*

510 Métamorphofes d'Ovide en rondeaux, par de Benferade. *Paris, de l'Imprimerie Royale,* 1676, *in-4. fig.*

511 M. Manilii Aftronomicon libri v, accefferunt M. T. Ciceronis Aratæa, cum interpretat. & rotis, edente Al. G. Pingré. *Parifiis,* 1786, 2 *tomes en un vol. in 8.*

512 Satyres de Perfe, traduction nouvelle, avec le texte latin à côté & des notes par M. l'Abbé le Monnier. *Paris, Jombert,* 1771, *in-8. br.*

513 La Pharfale de Lucain, trad. en vers franç. par de Brébeuf. *La Haye, Léers,* 1683, *in-12. fig.*

514 Aufonii Opera, interpretat. & notis illuftravit Julianus Fioridas, in ufum Delphini, recenfuit & emendavit J. B. Souchay. *Parifiis, Guérin,* 1730, *in-4. v. f.*

515 Œuvres d'Aufone, trad. en franç. avec le texte latin à côté, par M. l'Abbé Jaubert. *Paris, Panckouke,* 1769, 4 *vol. in-12. v. éc.*

516 Fr. Valefii Gallorum Regis fata, Stephano Doleto auctore. *Lugduni, Dolet,* 1539. — Les Geftes de François de Valois en franç. par Dolet. *Ibid.* 1540, *in 4.*

517 Le Zodiaque de la Vie, trad. du Poëme lat. de Palingene, par de la Monnerie. *La Haye, Swart,* 1731, *in-12.*

518 La Callipédie, trad. du Poëme latin de Cl. Quillet. *Paris, Piffot,* 1749, *in-8.*

519 Anti-Lucretius, five de Deo & Natura libri IX, Melch. de Polignac opus pofthumum, Car. d'Orléans de Rothelin curâ & ftudio editioni mandatum. *Parifiis, Coignard,* 1747, 2 *vol. in-8.*

520 L'Anti-Lucrece, Poëme fur la Religion naturelle, compofé par le Cardinal de Polignac, trad. par de Bougainville. *Paris, Guerin,* 1749, 2 *vol. in-8. v. éc.*

521 Hygieine , five Ars Sanitatem confervandi Poëma , auctore Steph. Lud. Geoffroy , avec la Traduction françoife de M. de Launay. *Parifiis , Cavelier,* 1771 , *in-8. m. r.*

522 Hiftoire Maccaronique de Merlin Coccaie. 1734 , 2 *vol. in-13. v. f.*

Poëtes François.

523 Les Poéfies du Roy de Navarre , avec des notes & un gloffaire françois. *Paris , Guérin ,* 1742 , 2 *vol. in 8.*

524 Le Roman de la Rofe , par Guil. de Lorris & J. de Meung , revu par l'Abbé Lenglet-Dufrefnoy. *Paris , veuve Piffot ,* 1735 , 3 *vol. in-12.*

525 Les Vigiles de la mort du Roy Charles VII , à neuf Pfeaulmes & neuf Leçons , contenant la Chronique & les faitz advenuz durant la vie dudit Roy , par Marcial de Paris , dit d'Auvergne. *Paris , le Caron , in fol. fig. mar. r. piqué.*

526 S'enfuyt la Chaffe & le départ d'Amours , où font au long toutes les fortes de Rithmes que l'on peut trouver , avec très-grant nombre de Rondeaulx & Ballades que l'Amant parfait envoye à fa Dame par amours , par Octavien de Sainct Gelais. *Paris , le Noir , in-4. goth.*

527 Le Vergier d'honneur , de l'entreprinfe & voyage de Naples , par le même. *Paris , in-fol. goth.*

528 Les Marguerites de la Marguerite des Princeffes , très-illuftre Royne de Navarre. *Paris , Ruelle ,* 1558 , *in-16. v. f.*

529 Les Amours de J. Ant. de Baïf. *Paris , Breyer ,* 1572 , *iu-8. dent.*

530 L'Amour de Cupido & de Pfiché , en vers françois , avec figures. *Paris , in-8.*

531 Œuvres de Cl. Marot , avec une Préface hiftorique & des Obfervations critiques par l'Abbé Lenglet-Dufrefnoy. *La Haye , Goffe ,* 1731 , 4 *vol. in-4. v. f.*

532 Les Tragiques de d'Aubigné. *Au Dézert ,* 1616 , *in-4.*

533 Les Satyres & autres Œuvres de Regnier , avec des remarques. *Londres , Lyon ,* 1729 , *in-4. v. f.*

534 Œuvres de Fr. de Malherbe , avec les Obfervations de Ménage. *Paris , Barbou ,* 1722 , 3 *vol. in-12.*

535 Les Œuvres d'Honorat de Beuil , Seigneur de Racan. *Paris , Couftelier ,* 1724 , 2 *vol. in-12.*

536 Meflanges poétiques , tragiques , comiques & autres diverfes de L. D. L. F. *Lyon , Travers ,* 1614 , *in-8. v. f.*

537 Le Chasteau de Richelieu, ou l'Histoire des Dieux & des Héros de l'Antiquité, par Vignier. *Saumur, Desbordes,* 1676, *in-8.*

538 La Muse historique, ou Recueil des Lettres en vers, contenant les nouvelles du tems, par Loret. *Paris, Chenault,* 1658, 4 *vol. in-fol.*

539 Œuvres de J. de la Fontaine. *Anvers, Sauvage,* 1726, 3 *tomes en* 4 *vol. in-4. avec les fig. de R. de Hooge, pour les Contes.*

540 Fables choisies, mises en vers par J. de de la Fontaine. *Paris, Compagnie,* 1709, 5 *vol. in-12. fig.*

541 Les mêmes, avec des figures en taille-douce, gravées sur les dessins d'Oudry. *Paris, Desaint,* 1755, 4 *vol. in-fol. mar. v. dent.*

542 Les mêmes, nouvelle édition, gravée en taille-douce, les figures par Fessard, le texte par Montulay. *Paris,* 1765, 6 *vol. in-8. pap. d'Holl. mar. r.*

543 Contes & Nouvelles en vers, par J. de la Fontaine. *Amst. (Paris),* 1762, 2 *vol in-8. fig. mar. r.*

544 Œuvres de Nic. Boileau Despréaux, avec des éclaircissemens historiques. *Genéve, Barillot,* 1716, 2 *vol. in-4. fig.*

545 Les mêmes. *Paris, David,* 1745, 2 *vol. in-12.*

546 Poésies du P. Sanlecque. *Harlem, vanden Dael,* 1726, *in-12. v. f.*

547 Poésies de Madame Deshoulieres. *Paris, Villette,* 1724, 2 *tomes en un vol in-8.*

548 Œuvres de Pavillon. *Amst. du Sauzet,* 1720, *in-12.*

549 Œuvres de Chaulieu. *Amst. Chastelain,* 1733, 2 *tomes en un vol. in-8.*

550 Les mêmes. *Paris, Bleuet,* 1774, 2 *vol, in-8. m. r.*

551 Œuvres diverses du sieur D***, (de Losne de Montchenay). *Amst. Frisch,* 1714, 2 *vol. in-12.*

552 Œuvres diverses de J. B. Rousseau. *Londres, Tonson,* 2 *vol. in-4. gr. pap. m. r.*

553 Les mêmes. *Amst. Changuyon,* 1729, 5 *vol. in-12. v. f.*

554 Porte-feuille de J. B. Rousseau. *Amst. Rey,* 1751, 2 *vol. in-12. v. f.*

555 Satyres sur les Femmes Bourgeoises qui se font appeller Madame, par le Chev. D***. *La Haye,* 1713, 2 *vol. in-8. fig.*

556 Poésies de Guy de la Monnoye, avec son éloge par de Sallengre. *La Haye, Levier,* 1716, *in-8.*

557 Noei Borguignon de Guy Barozai (la Monnoye). *Dijon,* 1720, *in-8. v. f.*

558 Œuvres diverses de J. B. Whillart de Grecourt. *Luxembourg,* 1761, 4 *vol. in-12. v. f.*

559 Œuvres diverses de Roy. *Paris, Piffot,* 1727, 2 *vol. in-8. v. f.*

560 Fables de la Motte, avec les figures de Gillot & autres. *Paris, Dupuis,* 1719, *in-4. gr. pap.*

561 Poésies sur la Constitution *Unigenitus.* 1724, 2 *vol. in-8. v. f.*

562 Pieces & Anecdotes intéressantes sur les Harangues des Habitans de Sarcelles, le Philotanus, & le Porte-feuille du Diable. *Aix,* 2 *vol. in-12.*

563 Œuvres de Gresset. *Genéve, Pelifferi,* 1746, *in-12. v. f.*

564 La Henriade de Voltaire. *Londres,* 1728, *in-4. gr. pap. fig. v. f.*

565 La Colombiade, Poëme, par Madame du Boccage. *Paris, Defaint,* 1756, *in-8. fig.*

566 Minorque conquise, Poëme héroïque en quatre chants. *Paris Delormel,* 1756, *in-8. m. r.*

567 L'Art d'Aimer & Poésies diverses de Bernard. *Paris, in-8. fig.* — Le Roué vertueux, Poëme en prose orné de gravures. *Lauzane, (Paris),* 1770, *in-8. v. éc.*

568 La Muse Limonadiere, ou Recueil d'Ouvrages en vers & en prose, par Madame Bouret. *Paris, Jorry,* 1755, 2 *vol. in-12. m. r.*

569 Les Saisons, Poëme, par M. de Saint-Lambert. *Amft. (Paris, Piffot)* 1769, *in-8. fig.*

570 Fables nouvelles, par M. l'Abbé Aubert. *Paris, Duchesne,* 1764, *in-12.*

571 Le Banquet de l'Amitié, Poëme, par M. Ducis. *Paris, Delalain,* 1771, *in-8. mar. r.*

572 La Dunciade, Poëme en dix Chants, par M. Paliffot. *Londres,* 1771, 2 *vol. in-8. v. éc.*

573 Le Bonheur, Poëme, par Helvetius. *Londres,* 1772, *in-8. v. éc.*

574 Fables, ou Allégories philosophiques. *Paris, Delalain,* 1772, *in-8. fig. v. éc.*

575 Œuvres de Ch. Pierre Colardeau. *Paris, Ballard,* 1779, 2 *vol. in-8. fig. v. f.*

376 Opuscules poétiques & philologiques de M. Feutry. *Paris, Delalain,* 1771, *in-8. m. v.*

577 L'Agriculture, Poëme, par M. Roffet. *Paris, de l'Imprimerie Royale,* 1774, *in-4. fig. v. éc.*

578 Contes nouveaux en vers & Poéfies fugitives de M. Piis.
1781, *in-8. pap. d'Holl. mar. r.*

579 Recueil de Vers piquans & gaillards. 2 *vol. in-12. v. éc.*

580 Recueil de Poéfies galantes, critiques, latines & françoifes. *Londres*, 2 *vol. in-12.*

581 Parnaffe des Dames. *Paris, Ruault*, 1773, 5 *vol. in-8.
fig. m. r.*

582 Le Parnaffe des Mufes, ou Recueil des plus belles chanfons à danfer avec le concert des Enfans de Bacchus.
Rouen, Boulley, 1631, *in-12.*

583 Anthologie françoife, ou Chanfons choifies depuis le
treizieme fiècle jufqu'à préfent, recueillies par Monet.
Paris, 1765, 3 *vol. in-8.*

584 Recueil de Romances hiftoriques, tendres & burlefques,
avec les airs notés. *Paris*, 1767, 2 *vol. in-8.*

585 Recueil de Chanfons hiftoriques & critiques, depuis 1600
jufqu'en 1680. 7 *vol. in-4. manufc. v. m.*

586 Recueil de Vaudevilles. 5 *vol. in-8. m. f.* avec la mu-
fique.

587 Recueil général des Pieces, Chanfons & Fêtes données
à l'occafion de la prife du Port-Mahon. 1757, *in-8. mar. r.*

588 Les à-propos de Société, ou Chanfons de M. Laujeon.
Paris, 1776, 3 *vol. in-8. v. éc. fig.*

589 Las Obros de Pierre Goudelin. *Touloufo, Caranove*,
1713, *in-12. m. bl.*

Poëtes François Dramatiques.

590 Hiftoire du Théâtre françois, par les Freres Parfait. *Paris,
le Mercier*, 1735, 15 *vol. in-12.*

591 Abrégé de l'Hiftoire du Théâtre François, par Ch. de
Ficux, Chev. de Mouhy. *Paris, Jorry*, 1780, 3 *vol. in-8.
v. m.*

592 La pratique du Théâtre, par l'Abbé d'Aubignac. *Amft.
Bernard*, 1715, 2 *tomes en un vol. in-8. gr. pap.*

593 Recherches fur les Théâtres de France, par de Beauchamp.
Paris, Prault, 1735, 3 *vol. in-8.*

594 L'Art du Théâtre, par Fr. Riccoboni. *Paris, Simon*,
1750, *in-8.*

595 Obfervations fur la Comédie & fur le Génie de Molière,
par L. Riccoboni. *Paris, veuve Piffot*, 1736, *in-12.*

596 Réflexions hiftoriques & critiques fur les différens Théâtres de l'Europe, par L. Riccoboni. *Paris, Guérin*, 1738,
in-8.

597

597 De l'Art du Théâtre en général. *Paris*, *Cailleau*, 1769, 2 vol. *in-12.*

598 L'Art de la Comédie, par M. de Cailhava. *Paris*, *Didot l'ainé*, 1772, 4 vol. *in-8. v. éc.*

599 Le Comédien, par Rémond de Sainte Albine. *Paris*, *Saillant*, 1749, *in-8.*

600 Dictionnaire portatif des Théâtres. *Paris*, *Jombert*, 1754, *in-8.*

601 Dictionnaire des Théâtres de Paris. *Paris*, *Lambert*, 1756, 7 vol. *in-12.*

602 Bibliotheque du Théâtre françois, depuis son origine. *Dresde*, *Groell*, 1768, 3 vol. *in-8.*

603 Tablettes Dramatiques, par le Chev. de Mouhy. *Paris*, *Jorry*, 1752, *in-8.*

604 Catalogue de Pieces choisies du Répertoire de la Comédie Françoise. *Paris*, *Simon*, 1775, *in-8. mar. v. dent.*

605 Théâtre François, ou Recueil des meilleures pieces de Théâtre. *Paris*, *Nyon*, 1737, 12 vol. *in-12.*

606 Nouveau Théâtre François, ou Recueil des plus nouvelles pieces. *Paris*, *Prault*, 1740, 6 vol. *in-8.*

607 Spectacles donnés à Fontainebleau, à Versailles & à Choisy, années 1753, 54, 55, 62, 63, 65, 69, 70, 71, 73 & 1774. 10 vol. *in-4. & in-8. m. r.*

608 Parnasse des Dames : Théâtre des Femmes Angloises, Danoises, Françoises, &c. *Paris*, *Ruault*, 1773, 4 vol. *in-8.*

609 L'Olympe, & autres Œuvres poétiques de Jacques Grevin, avec son Théâtre. *Paris*, *R. Estienne*, 1560, *in-8. v. f.*

610 Tragédies Sainctes, David combattant, David triomphant & David fugitif, par L. des Mazures. *Anvers*, *Soolmans*, 1582, *in-8. v. f.*

611 Les Tragédies de Rob. Garnier. *Lyon*, *Pillehotte*, 1597, *in-12. v. f.*

612 Les Comédies facécieuses de P. de l'Arivey. *Rouen*, *du Petit-Val*, 1611, *in-12.*

613 Les Princes victorieux, Tragédies françoises, par Borée. *Lyon*, *Cœurfilly*, 1627, *in-8.*

614 Les Chastes Amours de Théagene & Chariclée, par Alex. Hardy. *Paris*, *Quesnel*, 1628, *in-8.*

615 Sophonisbe, Tragédie de Mairet, réparée & augmentée: — L'Andrienne, mise en vers par Collé. — Beverley, par Saurin. — Les Chérusques, Tragédie, par M. Bauvin, &c. *Paris*, *in-8. m. bl.*

F.

616 Théâtre de Quinault. *Paris, Ribou*, 1715, 5 vol. in-12.
617 Théâtre de Boursault. *Paris, Ribou*, 1725, 3 vol. in-12. *v. f.*
618 Théâtre de Montauban. *Paris*, 1666, in-12.
619 Théâtre de Montfleury. *Paris, David*, 1705, 2 vol. in-12.
620 Œuvres de P. & Th. Corneille. *Paris, Charpentier*, 1722, 11 vol. in-12.
621 Les mêmes. *Paris, Prault*, 1758, 19 vol. in-12.
622 Théâtre de P. Corneille, avec des Commentaires, par Voltaire. 1764, 12 vol. in-8. *fig. v. éc.*
623 Théâtre choisi de P. Corneille. *Paris, Fr. Ambr. Didot l'aîné*, 1783, 2 vol. in-4. en cart.
624 Œuvres de Moliere. *Paris*, 1730, 8 vol. in-12. *v. f.*
625 Les mêmes Œuvres de Moliere. *Paris*, 1734, 6 vol. in-4. *fig. v. f.*
626 L'Esprit de Moliere. *Paris, Lacombe*, 1777, 2 vol. in-12.
627 Œuvres de J. Racine. *Paris, Damonneville*, 1713, 2 vol. in-12. *fig. v. f.*
628 Les mêmes Œuvres de Racine. *Paris*, 1760, 3 vol. in-4. *fig. v. f. d. s. tr.*
629 Les mêmes Œuvres de J. Racine, avec des Commentaires, par M. Luneau de Boisjermain. *Paris, Cellot*, 1769, 7 vol. in-8. *fig.*
630 Œuvres de J. Fr. Regnard. *Paris, Ribou*, 1731, 5 vol. in-12.
631 Les mêmes. *Paris, Nyon*, 1758, 4 vol. in-12.
632 Théâtre de le Grand. *Paris, Ribou*, 1731, 4 vol.-12.
633 Œuvres de Poisson. *Paris, Nyon*, 1743, 2 vol. in-12.
634 Œuvres de Palaprat. *Paris, Ribou*, 1712, 2 vol. in-12.
635 Théâtre de Dancourt. *Paris, Ribou*, 1729, 9 vol. in-12.
636 Le même. *Paris*, 1760, 12 vol. in-12. *m. bl.*
637 Théâtre de Baron. *Paris, Ribou*, 1736, 2 vol. in-12.
638 Le même. *Paris, Prault*, 1759, 3 vol. in-12. *v. éc.*
639 Œuvres de Champmeslé. *Paris, Ribou*, 1735, 2 vol. in-12.
640 Œuvres de la Fosse. *Paris, Ribou*, 1700, in-12.
641 Œuvres de Ch. Riviere du Fresny. *Paris, Briasson*, 1731, 6 vol. in-12. *v. f.*
642 Œuvres de la Grange-Chancel. *Paris*, 1758, 5 vol. in-12. *v. éc.*
643 Théâtre de Mademoiselle Barbier. *Leyde*, 1723, in-12.

644 Théâtre de le Sage. *Paris, Barrois, 1739, 2 vol. in-12.*

645 Théâtre d'Autereau. *Paris, Briasson, 1749, 4 vol. in-12.*

646 Théâtre d'Ant. Danchet. *Paris, Grangé, 1751, 4 vol. in-8.*

647 Œuvres de Boindin. *Paris, Prault, 1753, 2 vol. in-12.*

648 Théâtre de P. Carlet de Chamblain de Marivaux. *Paris, Duchesne, 1758, 7 vol. in-12.*

649 Œuvres de Prosper Jolyot de Crébillon. *Paris, de l'Imprimerie Royale, 1750, 2 vol. in-4. m. bl.*

650 Les mêmes. *Paris, Prault, 1754, 3 vol. in-12.*

651 Œuvres Dramatiques de Néricault-Destouches. *Paris, de l'Imprimerie Royale, 1757, 4 vol. in-4. m. r.*

652 Théâtre de Barth. Christophe Fagan. *Paris, Duchesne, 1760, 4 vol. in-12.*

653 Théâtre de Boissy. *Paris, Duchesne, 1758, 9 vol. in-8. v. éc.*

654 Théâtre de Delaunay. *Paris, veuve Duchesne, 1766, in-12.*

655 La Femme Docteur, ou la Théologie tombée en quenouille, Comédie, avec la Critique. — Le Saint déniché, Comédie. *Amst. 1731, in-12. v. f.*

656 Théâtre de Guyot de Merville. *Paris, Duchesne, 1766, 3 vol. in-12.*

657 Sélim, ou la Foi du sujet, Tragédie, par M. de Peyssonnel. *in-fol. manusc. m. r.*

658 Œuvres d'Alexis Piron. *Paris, Duchesne, 1758, 3 vol. in-12. fig.*

659 Les mêmes, publiées par Rigoley de Juvigny. *Paris, Lambert, 1776, 9 vol. in 12.*

660 Œuvres de Pesselier. *Paris, Duchesne, 1758, in-8.*

661 Théâtre de la Noue. *Paris, Duchesne, 1765, in-12.*

662 Théâtre de M. Avisse. *Paris, Duchesne, 1758, in-8.*

663 Œuvres de Théâtre de de la Grange. *Paris, Duchesne, 1758, in-12.*

664 François II, en cinq Actes, par le Président Henault. — Cosroès, Tragédie par N. le Fevre. — Ericie ou la Vestale. *Paris, in-8.*

665 Théâtre de M. Marin. *Paris, Duchesne, 1765, in-8. v. m.*

666 Œuvres de Théâtre de Poullain de Saint-Foix. *Paris, de l'Imprimerie Royale, 1776, 3 vol. in-12. v. m.*

667 Théâtre de M. * * *, (l'Abbé de Voisenon). *Paris, Duchesne, 1753, in 12.*

F ij

668 La partie de Chasse de Henri IV, Comédie, par Collé.
— L'Honnéte Criminel, Drame, par M. Fenouillot de
Falbaire. — Cosroës, Tragédie, par M. le Fevre. *Paris*,
in-8. fig.

669 Théâtre & Œuvres diverses de M. Palissot. *Paris*, *Duchesne*, 1763, 3 *vol. in-12. v. éc.*

670 Théâtre & Œuvres mêlées, par M. Bailly. *Paris*, *Nyon*,
1768, *in-8.*

671 Gaston & Bayard, & le Siége de Calais, Tragédies, par
de Belloy. *Paris*, 1770. — Jenneval, ou le Barnevelt françois, Drame, par M. Mercier. *Paris*, *le Jay*, 1769, 2 *vol.*
in-8. v. éc.

672 Le Comte de Comminge, Drame, par M. d'Arnaud. —
Mémoires du Comte de Comminge. *Paris*, 1764, *in-8.*
v. f.

673 Régulus, Tragédie, & la Feinte par Amour, Comédie,
par Dorat. *Paris*, *Delalain*, 1773, *in-8. m. r.*

674 Olinde & Sophronie, Drame, par M. Mercier. *Paris*,
1771. — Mélanie, Drame, par M. de la Harpe. *Amst.*
1770, *in-8.*

675 Romeo & Juliette, Tragédie de M. Ducis. — La Mere
jalouse, Comédie de M. Barthe. — Le Fabricant de Londres, Drame, par M. de Falbaire. — Le Vin nouveau. —
Il n'y a plus d'Enfans, Comédie, &c. *Paris*, *in-8. m. o.*

676 Théâtre de Campagne, par M. Carmontel. *Paris*, *Ruault*,
1775, 4 *vol. in-8.*

677 La Rosiere de Salency, Comédie. — M. Cassandre, ou les
effets de l'Amour & du Verd-de-gris, Drame, par M. Dou-
cet. *Paris*, 1775. — Zémire & Azor, par M. Marmontel.
— La belle Arsene, par Favart. — La Colonie. *Paris*,
in-8. m. v.

678 Théâtre d'Éducation, par Madame la Comtesse de Gen-
lis. *Paris*, *Lambert*, 1786, 4 *vol. in-8. br. le tome premier manq.*

679 La folle Journée, ou le Mariage de Figaro, Comédie,
par M. de Beaumarchais. *Paris*, *Ruault*, 1785, *in-8. fig. br.*

680 Histoire du Théâtre Italien, par L. Riccoboni. *Paris*,
Chaubert, *in-8. fig.*

681 Histoire Anecdotique & Raisonnée du Théâtre Italien.
Paris, *Lacombe*, 1769, 7 *vol. in-12.*

682 Théâtre Italien de Gherardi. *Paris*, *Cusson*, 1700,
6 *vol. in-12.*

683 Théâtre de Favart. *Paris*, *Prault*, 1746, 3 *premiers*
vol. in-8.

684 Les deux Avares. — Le Dormeur éveillé. — Les Moiſ-
sonneurs, & autres Comédies du Théâtre Italien. *Paris*,
2 *vol. in* 8.

685 Mémoires pour ſervir à l'Hiſtoire des Spectacles de la
Foire. *Paris*, *Briaſſon*, 1743, 2 *vol. in-*12.

686 Hiſtoire du Théâtre de l'Opéra Comique. *Paris*, *Lacombe*, 1769, 2 *vol. in-*12.

687 Le Théâtre de la Foire, par le Sage & d'Orneval.
Paris, *Gandouin*, 1737, 10 *vol. in-*12.

688 Œuvres de J. Joſeph Vadé. *Paris*, *Duchesne*, 1758,
4 *vol. in* 8.

689 Le Faucon, Opéra Comique. — L'Ami de la Maiſon,
Comédie, par M. Marmontel. — L'Amoureux de quinze
ans, Comédie, par M. Laujeon. — Julie, Comédie de M.
Monvel, &c. *Paris, in-8. m. r.*

690 Hiſtoire du Théâtre de l'Académie Royale de Muſique.
Paris, *Duchesne*, 1757, *in-*8.

691 Recueil général des Opéras. *Paris*, *Ballard*, 1703,
16 *vol. in-*12.

Poëtes Italiens.

692 Scelta di poeſie Italiane de' piu celebri Autori, raccolte
da Ant. Bened. Baſſi. *In Parigi*, *Lambert*, 1783, 2 *vol.*
*in-*8. *br.*

693 Dante. *In Lione*, *Rovillio*, 1571, *in-*16. *mar. c.*

694 La divina Commedia di Dante Alighieri, con varie
annotazioni, e copioſi rami adornata. *In Venetia*, *Zatta*,
1757, 5 *vol. in* 4. *v. éc.*

695 Il Petrarca. *In Venetia*, *Aldi F.* 1546, *in-*12. *v. f.*

696 Le Rime del Petraca eſpote per Lod. Caſtelvetro. *In*
Venezia, *Zatta*, 1756, 2 *vol. in-*4. *gr. pap. v. éc.*

697 La Geruſalemme liberata di Torquato Taſſo, figurata
da Bern. Caſtello, con le annotat. di Scipione Gentili, e di
Giulio Guaſtavini. *In Genova*, *Pavoni*, 1617, *in-*4. *v. f.*

698 La Medeſima Geruſalemme liberata di Torquato Taſſo.
In Parigi, *Delalain*, 1771, 2 *vol. in* 8. *fig d. ſ. tr.*

699 Orlando Furioſo di M. Lud. Arioſto, con le annotat. di
Ruſcelli, &c. *in Venetia*, *Valgriſi*, 1587, *in-*4. *fig.*

700 Il Medeſimo Orlando Furioſo di Lod. Arioſto. *Birmin-*
gham, *Baskerville.* 1773, 4 *vol. in-*8. *fig. v. éc.*

701 Roland Furieux, Poëme héroïque de l'Arioſte. trad. par
Mirabeau. *La Haye*, (*Paris*), 1741, 4 *vol. in-*12.

702 Roland Furieux, Poëme héroïque de l'Arioſte, trad. par
le Comte de Treſſan. *Paris*, *Piſſot*, 1780, 4 *vol. in-*12. *br.*

703 La Secchia rapita Poëma Eroi-comico di Aleſſ. Taſſoni, colle dichiarazioni di Gaſp. Salviani e le annotat. di Barotti. *In Modena, Soliani,* 1744, *in-4. fig.*

704 Ricciardetto di Nic. Carteromaco. *In Parigi,* 1738, 2 *vol. in-12. v. f.*

705 L'Adone, Poëma héroico del C. Marino. *Amſt. Elzevier,* 1678, 4 *vol. in-24, fig. de le Clerc.*

706 Bertoldo con Bertoldino e Cacaſenno, in ottava rima, di Giulio-Cezare Croce, e di Camillo Scaligero. *In Venezia, Storti,* 1739, *in-8. fig. v. f.*

707 Rime e proſe di M. Giovanni della Caſa. *In Vinegia, Bevilaqua,* 1558, *in-4.*

708 La Cicceide légitima. *in-12. v. f.*

709 Poéſie di Druſino Ciſſeo. *In Genova, Torigo,* 1754, *in-4. m. r.*

710 Aminta favola Boſcareccia di Torq. Taſſo. *Amſt. Elzevier,* 1678, *in-24, fig. de le Clerc.*

711 Celeſtina, Tragi-comedia di Caliſto e Melibea, trad. di Spagnolo in Italiano. *In Venetia,* 1543, *in-8.*

712 Il Paſtor Fido, tragi-comedia paſtorale di Bat. Guarini. *Amſt. Elzevier,* 1678, *in-24, fig. de le Clerc.*

713 Carlo Magno feſta theatrale in occaſione della Naſcita del Delfino. *In Roma de Roſſi,* 1729, *in-fol. fig vel.*

714 Comedie de G. B. Fagiuoli. *In Lucca,* 1734, 7 *vol. in 12.*

715 Œuvres Dramatiques d'Apoſtolo Zeno, trad. de l'Italien. *Paris, Duchesne,* 1758. 2 *vol. in-12.*

716 Poéſie di Pietro Metaſtaſio. *In Parigi, veuve Quillau,* 1755, 10 *vol. in-8. pap. d'Holl. m. c.*

Poëtes Eſpagnols, Anglois, Allemands, &c.

717 Le Paradis perdu de Milton, Poëme héroïque, trad. de l'anglois par Dupré de Saint-Maur. *Paris, Cailleau,* 1729, 3 *vol. in-12.*

718 Del Paradiſo perduto Poëma Ingleſe di Giov. Milton traduzzione di Paolo Rolli. *Londra, Bennet,* 1736, *in-fol. v. éc.*

719 Le Théâtre Anglois, trad. par M. de la Place. *Londres,* (*Paris*), 1746, 10 *vol. in-12.*

720 Shakeſpeare, trad. de l'anglois par M. le Tourneur. *Paris, Merigot,* 1778, 9 *vol. in-8. tomes* 3 à 12.

721 Diſcours ſur Shakeſpeare & ſur Voltaire, par Joſ. Baretti. *Londres, Nourſe,* 1777, *in-8. v. éc.*

722 **La** Lufiade du Camoens, Poëme héroïque, trad. par Duperron de Caftera. *Amft.* (*Paris*), 1735, 3 *vol. in-12.* *fig. v. f.*

723 La Boucle de Cheveux enlevée, trad. de l'anglois de Pope. — Remarques fur Homere, avec la Traduction de la Préface de l'Homere de Pope. *Paris , Guérin ,* 1728. — Lettre fur l'Enthoufiafme, trad. de l'anglois. *La Haye ,* 1709, *in-12. v. f.*

MYTHOLOGIE.

724 Mythologie, ou Explication des Fables, par J. Baudoim. *Paris , Thibouft ,* 1627, *in-fol. gr. pap. fig.*

725 La Mythologie & les Fables expliquées par l'Hiftoire, par l'Abbé Banier. *Paris , Briaffon ,* 1738, 3 *vol. in-4.*

726 Les Tableaux du Temple des Mufes, où font repréfentés les événemens les plus remarquables de l'Antiquité fabuleufe, en foixante tableaux gravés en taille-douce, par B. Picart, avec des Explications hiftoriques. *Amft. Chaftelain,* 1733, *in-fol.*

727 Hiftoire du Ciel, par l'Abbé Pluche. *Paris , Eftienne ,* 1739, 2 *vol. in-12* *fig. v. f.*

POÉSIE PROSAÏQUE.

Facéties , Plaifanteries , &c.

728 Les Métamorphofes, ou l'Afne d'or de L. Apuléé, avec des figures de Crifp. de Pas. *Paris , Thibouft,* 1631, *in-8.*

729 Les Contes, ou les Nouvelles récréations & joyeux devis de Bonaventure des Perriers, avec des notes de Bern. de la Monnoye. *Amft. Chaftelain ,* 1735 , 3 *vol. in-12. v. f.*

730 Les Contes & Difcours d'Eutrapel, par Noël du Fail. 1732 , 3 *vol. in-12. v. f.*

731 Œuvres de Franç. Rabelais, avec les Remarques de le Duchat. (*Paris*) 1732 , 5 *vol. in 8. fig. v. f.*

732 Les mêmes Œuvres de Franç. Rabelais, avec des Remarques hiftoriques & critiques de le Duchat, & des figures de B. Picart. *Amft. Bernard,* 1741, 3 *vol. in-4. v. f.*

733 Les Bigarures & Touches du Seigneur des Accords, avec les Apophtegmes de Gaulard & les Efcraignes Dijonnoifes. *Paris , Richer ,* 1615 , *in-12. v. f.*

734 Le moyen de Parvenir de Beroald de Verville. *Chinon ,* *in-12. v. f.*

735 Hiſtoire Comique de Francion , par Nic. de Moulinet. *Leyde, Drumond,* 1721 , 2 *vol. in*-12. *fig.*

736 La Gibeciere de Mome , ou le Thréſor du Ridicule , contenant tout ce que la galanterie , l'hiſtoire facétieuſe & l'eſprit ont produit de ſubtil & d'agréable. *Paris, Geſſelin,* 1644 , *in*-8.

737 Les Étrennes de la Saint Jean , par le Comte de Caylus , &c. *Troyes (Paris)*, 1742 , *in*-12. *v. f.*

Contes & Nouvelles.

738 Il Decamerone di M. Giovanni Boccacio. *Londra, (Parigi)*, 1757 , 5 *vol. in* 8. *pap. d'Holl. fig. mar. r.*

739 Le Décaméron de J. Boccace , trad. en franç. par Ant. le Maçon. *Londres, (Paris)*, 1757 , 5 *vol. in*-8. *fig.*

740 Contes & Nouvelles de Bocace , traduction libre, avec des figures de Romain de Hooge. *Cologne, Gaillard,* 1702 , 2 *vol. in*-8. *v. f.*

741 Contes & Nouvelles de Marguerite de Valois, Reine de Navarre , mis en beau langage, avec des figures en taille-douce. *Amſt. Gallet,* 1700 , 2 *vol. in*-8. *v. f.*

742 Les Cent nouvelles Nouvelles. *Cologne, Gaillard,* 1701 , 2 *vol. in*-8. *avec les figures détachées de R. de Hooge, v. f.*

743 Les Cent Nouvelles nouvelles de M. de Gomez. *Paris, Maudouyt,* 1735 , 18 *vol. in*-12.

744 Le Printemps d'Yver. *Paris, Moreau,* 1588 , *in*-16. *v. f.*

745 Contes Moraux de M. Marmontel. *Paris, Merlin,* 1765 , 3 *vol. in*-8. *fig.*

Romans.

746 De l'uſage des Romans , avec une Bibliotheque des Romans, par l'Abbé Lenglet-Dufreſnoy. *Amſt. (Paris)*, 1734, 3 *vol. in*-12. *v. f.*

747 Les Amours de Leucippe & de Clitophon , trad. du Grec d'Achilles Tatius, avec des notes. *Amſt. Humbert,* 1733 , *in*-12. *v. f.*

648 Œuvres de Chriſtine de Piſan, *in* 4. *v. f. manuſc.* ancien & bien conſervé.

749 Les vingt-un premiers Livres du Roman d'Amadis des Gaules, trad. en franç. par Nic. de Herberay, ſieur des Eſſarts, Cl. Colet, Jacq. Gohorry, Guil. Aubert de Poitiers

tiers & Gabr. Chappuys. *Lyon & Paris*, 1577, *& années*
suivantes, 21 *vol. in* 16.

750 Les vingt-deux, vingt-trois & vingt-quatrieme Livres
d'Amadis des Gaules. *Paris, Robinet*, 1615, 3 *vol. in* 8.

751 Le Tréfor des vingt-un premiers Livres d'Amadis, contenant les Harangues, &c. *Lyon*, 1606, 2 *vol. in-16.*

752 Amadis des Gaules, par le Marquis de Surgere. *Amst.*
(*Paris*), 1750, 4 *vol. in-12. fig.*

753 Amadis de Gaule, traduction libre par le Comte de Tref-
fan. *Paris, Piffot*, 1779, 2 *vol. in-12 v. éc.*

754 Le premier & fecond Volume de la Toifon d'Or, par
Guillaume (Fillaftre), Evêque de Tournay, auquel, fous
les noms de magnanimité & juftice, font conteus les
hauts, vertueux faits des Maifons de France, Bourgogne,
&c. *Paris, Regnault*, 1516, 2 *tomes en un vol. in fol.*
goth.

755 Hiftoire & plaifante Cronique du petit Jehan de Sain-
tré, de la jeune Dame des Belles-Coufines, avec des notes.
Paris, Morel, 1724, 3 *vol. in-12.*

756 Hiftoire du vaillant Chevalier Tyran le Blanc, trad. de
l'Efpagnol, par le Comte de Caylus. *Londres*, (*Paris*),
2 *vol. in-8. v. f.*

757 Hiftoire Amoureufe de Flores & Blanche-Fleur fa mye,
avec la complainte que fait un Amant contre Amour & fa
Dame, trad. de l'Efpagnol, par Jacq. Vincent. *Paris, Fe-*
zandat, 1554, *in-8. v. f.*

758 La plaifante Hiftoire des Amours de Florifée & Clarea
& de la peu fortunée Yfea, trad. du Caftillan, par Jacq.
Vincent de Crett. *Paris, Kerver*, 1555, *in* 8. *v. f.*

759 L'Hiftoire & ancienne Cronique de Gérard d'Euphrate.
Lyon, Rigaud, 1580, *in-16. v. f.*

760 Le Roman des Chevaliers de la Gloire, contenant plufieurs hautes & fameufes adventures des Princes & Chevaliers qui parurent aux Courfes faites à la Place Royale,
pour la Fefte des Alliances de France & d'Efpagne, par
Fr. de Roffet. *Paris, Bertaud*, 1612, *in-4.*

761 Hiftoire du Chevalier du Soleil, trad. par Fr. de Roffet.
Paris, Fouet, 1620, 8 *in-8.*

762 Il Caloandro fedele di G. Ambrofio Marini. *Venetia,*
Turrini, 1664, 2 *vol. in-32. v. éc.*

763 Vida y Hechos del Ingeniofo Hidalgo Don Quixote de
la Mancha, por Miguel de Cervantes. *En Amberes, Ver-*
duffen, 1719, 2 *vol. in-8. fig. mar. r.*

764 Hiftoire de Don Quichotte de la Manche, trad. de

l'Efpagnol de Michel de Cervantes. *Paris*, 1732, 6 vol. *in-12. v. f.*

765 L'Aftrée d'Honoré d'Urfé. *Paris*, *Courbé*, 1633, 5 vol. *in-8. fig. l. r. m. r.*

766 Polexandre, par Gomberville. *Paris*, *Courbé*, 1641, 5 vol. *in-8. v. f.*

767 Caffandre, par de la Calprenede. *Paris*, *Courbé*, 1648, 10 vol. *in-8. v. f.*

768 Bérénice. *Paris*, *Quinet*, 1649, 4 vol. *in-8.*

769 Artamene, ou le grand Cyrus, par de Scudery. *Paris*, *Courbé*, 1653, 10 tomes en 20 vol. *in-8. fig. v. m.*

770 L'Anti-Roman, ou l'Hiftoire du Berger Lyfis, par J. de la Lande. *Paris*, *du Bray*, 1633, 2 vol. *in 8.*

771 Les Aventures de Télémaque, édition conforme au manufcrit original de l'Auteur & enrichie de figures gravées en taille-douce, fous la direction de B. Picart par les plus habiles Maîtres. *Amft. Wetftein*, 1761, *in fol. mar. r.*

772 Les Voyages de Cyrus, par Ramfay. *Londres*, *Bettenham*, 1730, *in-4. gr. pap. v. f.*

773 Le Repos de Cyrus, par l'Abbé Perneti. *Paris*, *Briaffon*, 1732, 2 tomes en un vol. *in-8. v. f. fig.*

774 Bélifaire, par M. de Marmontel. *Paris*, *Merlin*, 1767, *in-8. fig. v. éc.*

775 Les Incas, ou la Deftruction de l'Empire du Pérou, par le même. *Paris*, *Lacombe*, 1777, 2 vol. *in-8. fig. v. éc.*

776 Les Amours de Catulle, par de la Chapelle. *Paris*, *Aniffon*, 1700, 2 vol. *in-12.*

777 Les Amours d'Horace. *Cologne*, *Marteau*, 1728, *in-12.*

778 Hiftoire de Marguerite de Valois, Reine de Navarre, fœur de François I. *Paris*, *Benard*, 1696, 2 vol. *in-12.*

779 Zaïde, Hiftoire Efpagnole, par de Segrais. *Paris*, 1719, 2 vol. *in-12. v. f.*

780 Hiftoire des Amours & infortunes d'Abélard & d'Héloïfe, par N. F. du Bois. *La Haye*, *van Dale*, 1711, *in-12. v. f.*

781 La France galante. *Cologne*, *Marteau*, 1709, 2 vol. *in 12. v. f. fig.*

782 Amours des Dames illuftres de France. *Cologne*, *Marteau*, 1728, 2 vol. *in-12. fig. v. f.*

783 Galanteries des Rois de France, par H. Sauval. (*Holl.*) 1731, 2 vol. *in-12. fig.*

784 Hiftoire de Jean de Bourbon, Prince de Carency, par Madame d'Aulnoy. *Bruxelles*, 1720, 2 vol. *in-12.*

785 Le Géomyler, par l'Abbé de Villars. *Paris*, *Couftelier*, 1729, *in-12.*

786 Les Amours du Duc de Guife, par de Brie. (*Holl.*), 1736, *in-12. v. f.*

787 Mémoires & Aventures d'un Homme de qualité, par l'Abbé Prevoft. *Amft.* 1731, 4 *vol. in-12.*

788 Le Philofophe Anglois, ou Hiftoire de Cléveland, par le même. *Utrecht, Néaulme,* 1732, 5 *vol. in-12.*

789 Anecdotes de la Cour de Philippe-Augufte, par Marguerite de Luffan. *Paris, veuve Piffot,* 1733, 6 *vol. in-12. v. f.*

790 Amufement des Eaux de Spa. *Amft. Mortier,* 1734, 2 *vol. in-8. fig. v. f.*

791 Amufement des Eaux d'Aix-la-Chapelle. *Amft. Mortier,* 1736, 3 *vol. in-12. fig.*

792 Le Siége de Calais, par Madame Tencin. *La Haye* (*Paris*), 1739, 2 *vol. in-12.*

793 Les Malheurs de l'Amour, par la même. *Amft.* (*Paris*), 1747, *in-12.*

794 Anecdotes Vénitiennes & Turques, ou Mémoires du Comte de Bonneval, par de Mirone. *Londres,* 1740, *in-12. v. f.*

795 Amours d'Alzidor & de Clariffée, trad. du grec. *Amft.* (*Paris*), 1751, *in-12. m. r.*

796 Aventures d'Ulyffe dans l'Ifle d'Æœa. *Paris, Bauche,* 1752, *in-12. mar. bl.*

797 La Jardiniere de Vincennes, par Madame de Villeneuve. *Paris, Hochereau,* 1752, 2 *vol. in-12.*

798 Hau-Kiou-Choaan, Hiftoire Chinoife, trad. de l'anglois. *Lyon, Duplain,* 1766, 4 *vol. in-12. v. éc.*

799 Les Confeffions de Mademoifelle de Mainville. *Paris, Dufour,* 1768, 3 *vol. in-12.*

800 Le Royalifme, ou Mémoires de du Barry de Saint-Aunez & de Conftance de Cezelli ; Anecdotes héroïques fous Henri IV, par M. de Limairac. *Paris, Valade,* 1770, *in-8. v. f.*

801 Hiftoire de deux Amans François, en vers & en profe. *Paris, Fetil,* 1770. — Variétés Littéraires, Galantes, &c. *Paris, Monory,* 1774. — Lettre à M. A*** du P. dans laquelle eft compris l'Examen de fa Traduction des Livres attribués à Zoroaftre. *Londres, Elmfly,* 1771, *in 8.*

802 Vie & Aventures de P. Pinfon, dit le Chevalier Bero. *Paris, Edme,* 1773, 2 *vol. in-12.*

803 Les Contemporaines, par M. Rétif de la Bretonne. *Paris,* 1780, 8 *vol. in-12. br.*

804 La découverte Auftrale par un Homme volant, par le même. *Paris,* 1781, 2 *vol. in-12. fig.*

80ʃ Camille, ou Lettres de deux Filles de ce ſiécle, trad.
de l'anglois. *Paris, Delalain, 1785, 4 vol. in-12. br.*

806 Paméla, ou la Vertu récompenſée, trad. de l'anglois de
Richardſon. *Londres, (Paris), 4 tomes en 2 vol. in-12.*

807 Hiſtoire de Miſſ Clarice Harlove, trad. de l'anglois de
Richardſon, par l'Abbé Prevoſt. *Paris, 1777, 6 vol. in-12.
fig.*

808 Hiſtoire de Tom-Jones, ou l'Enfant trouvé, trad. de l'anglois de Fielding, par M. de la Place. *Paris, Rollin,
1751, 4 vol. in-12. fig.*

80ɔ Les mille & une Nuit, Contes Arabes, trad. par Gal-
land. *Paris, Piſſot, 1774, 6 vol. in-12.*

810 Les mille & une Heure, Contes Péruviens. *Amſt. Smith,
1733, 2 vol. in-12.*

811 Contes de Cour, par le Chev. de Mouhy. *Londres,
(Holl.) 1740, 8 vol. in-12. v. f.*

812 Conte moral, par Crébillon le fils. *(Paris), 2 vol. in-12.
v. f.*

813 Féeries nouvelles, par le Comte de Caylus. *La Haye,
(Paris) 1741, 2 vol. in-12.*

814 La jeune Américaine, ou les Contes marins, par Madame
de * * *. *La Haye, (Paris) 1740, 3 vol. in-12.*

PHILOLOGIE.

Critique.

81ʃ Eſſais de Critique ſur les écrits de Rollin, ſur les Traductions d'Hérodote & ſur le Dictionnaire géographique de
la Martiniere, par Bellanger. *Amſt. l'Honoré, 1740, in-12.*

816 Remarques ſur les Tragédies de J. Racine, par L. Racine. *Paris, Deſaint, 1752, 3 vol. in-12.*

817 Le Chef-d'œuvre d'un Inconnu, par Thémiſeul de Saint-
Hyacinte & autres. *La Haye, Huſſon, 1732, 2 vol. in-12.
v. f.*

818 Dictionnaire de Littérature, par M. l'Abbé Sabatier de
Caſtres. *Paris, Vincent, 1770, 3 vol. in-8.*

819 Les trois Siécles de notre Littérature. *Paris, Gueffier,
1772, 3 vol. in-8. v. éc.*

820 Commentaire ſur la Henriade, par de la Beaumelle.
Paris, le Jay, 1775, 2 vol. in-8. v. éc.

821 Les grands Hommes vengées, ou examen des Jugemens portés par Voltaire, &c. par M. des Sablons. *Lyon,
Bariet, 1769, 2 vol. in-8.*

822 Obſervations critiques ſur la nouvelle Traduction des Géorgiques de Virgile, &c. par M. Clément. *Genéve*, 1771, *in-8.*

823 Les deux Ages du Goût & du Génie françois, ſous Louis XIV & ſous Louis XV, par **M.** de la Dixmerie. *Paris, Lacombe,* 1769, *in 8. v. éc.*

824 De' Ragguagli di Parnaſſo di Trajano Boccalini. *In Venetia, Guerigli,* 1617, 2 *vol. in-4.*

Satyres, Invectives, Défenſes, Apologies.

825 Pétrone, latin & françois, trad. par Nodot, avec des remarques. 1709, 2 *vol. in-12.* **fig.**

826 Les Céſars de l'Empereur Julien, trad. du grec de Spanheim, avec des remarques, & trois cents médailles & autres anciens monumens gravés par B. Picart. *Amſt. l'Honoré,* 1728, *in-4. v. f.*

827 Introduction au Traité de la conformité des merveilles anciennes avec les modernes, ou Traité préparatif à l'Apologie pour Hérodote, par H. Eſtienne. 1566, *in-8.*

828 Extrait du Livre de B. de Piſis, en latin & en françois, avec des figures de B. Picart. *Amſt.* 1734, 3 *vol. in-12. v. f.*

829 Opere Scelte di Ferrante Pallavicino. *In Villa-Franca,* 1666, 2 *vol. in-12.*

830 Le Conte du Tonneau, trad. de l'anglois de Swift, avec l'art de méditer ſur la Garderobe. *La Haye, Scheurleer,* 1732, 4 *vol. in-12. v. f.*

831 Apologie pour les grands Hommes ſoupçonnés de magie, par G. Naudé. *Amſt. Humbert,* 1712, *in-8.*

Diſſertations ſingulieres, Philologiques, Critiques, Allégoriques & enjouées : comme auſſi les Traités critiques & Apologétiques de l'un & l'autre ſexe.

832 Paradoxes, ou les Opinions renverſées de la plupart des Hommes, Livre non moins profitable que facétieux, par le Docteur Inconnu. *Rouen, Cailloué,* 1638, *in-12.*

833 Les quinze Joyes de Mariage, auquel on a joint le Blaſon des fauſſes Amours, &c. *La Haye, Rogiſſart,* 1734, *in-12.*

834 Diſputatio per jucunda qua Anonymus probare nititur Mulieres homines non eſſe : cui oppoſita eſt Sim. Gediccï defenſio ſexus muliebris. *Hagæ Comitum, Burchornius,* 1641, *in-16. m. r.*

835 Hyppolitus redivivus , id est , remedium contemnendi
sexum muliebrem. 1644, in-16.

836 Le Rasibus, ou le Procès fait à la barbe des Capucins.
Cologne , 1734, in-12.

837 Les Yeux, le Nez, Ouvrage curieux & galant. Amst.
Paull. 1735 , in-12. v. f.

838 . . . .
. . . .

839 La Doppia impiccata, overo esposizione della necessita
all' Tribunale delle Sapienza. Orbitello , 1667, in-12.

Sentences , Adages , Proverbes , Bons mots.

840 Scaligerana, Thuana, Perroniana & Colomesiana. Amst.
Mortier , 1740, 2 vol. in-12. v. f.

841 Parrhasiana, par le Clerc. Amst. Schelte , 1701, 2 vol.
in-12.

842 Carpenteriana. Amst. (Paris), 1741, in-12.

843 Menagiana. Paris, Delaulne, 1715, 4 vol. in-12.

844 Ducatiana. Amst. Humbert , 1738, 2 vol. in-12.

845 Longueruana. Berlin, (Paris), 1754, in-12.

Hieroglyphes , ou Emblêmes , Devises , Symboles.

846 Recueil d'Emblêmes, par J. Baudouin. Paris, Cochart,
3 vol. in-12. fig.

847 Devises, Emblêmes, Médailles & Alphabets de Chifres,
par Nic. Verien. Paris, 1685 , in-8.

848 Les Emblêmes & devises du Roi, des Princes & Seigneurs qui l'accompagnerent en la Calvacate Royale &
Course de Bague que Sa Majesté fit au Palais Cardinal,
par Giffey. 1656 , in-8. m. r.

849 Le Pegme de P. Coustau, avec les narrations philosophiques, trad. du latin, par Lanteaume de Romieu. Lyon,
1660, in-8. fig. v. f.

P O L Y G R A P H E S.

850 Lucien, trad. par N. Perrot d'Ablancourt. Paris, Tra-
bouillet, 1687, 3 vol. in-12. m. r.

851 Les Images ou Tableaux de platte Peinture des deux
Philostrate , traduit du grec en françois par Blaise de Vigenere. Paris, l'Angelier, 1614, in-fol. fig.

852 Omnia Opera Angeli Politiani. Venetiis, Aldus, 1498,
in fol.

853 Les Essais de Michel de Montaigne, avec des notes, par P. Coste. *Paris, Soc.* 1725, 3 *vol. in-4.*

854 Œuvres de Fr. la Mothe le Vayer. *Paris, Billaine,* 1669, 14 *vol. in-12.*

855 Les Œuvres diverses de Paul Scarron. *Amst. Wetstein,* 1737, 10 *vol. in-12. fig. v. f. d. s. tr.*

856 Œuvres de Cyrano Bergerac. *Amst. Desbordes,* 1710, 2 *vol. in-12. fig.*

857 Recueil de quelques pieces nouvelles & galantes, tant en prose qu'en vers. *Cologne, Marteau,* 1667, *in-12. l. r. m. bl.*

858 Œuvres de Ch. de Saint Denis, Seigneur de Saint Evremond. *Londres, Tonson,* 1706, 5 *vol. in-12.*

859 Les Œuvres meslées de Ch. Margotelle de Saint-Denys, Seigneur de Saint-Evremond, publiées sur les manusc. de de l'Auteur, par le S. Silvestre. *Londres, Tonson,* 1709, 3 *vol. in-4. très-grand pap. dent.*

860 Pieces galantes en prose & en vers, par la Comtesse de de la Suze & Pelisson. *Trevoux,* 1725, 4 *vol. in-12.*

861 Œuvres de l'Abbé de Saint-Réal. *Paris, Huart,* 1730, 5 *vol. in-12.*

862 Les Œuvres diverses de P. Bayle. *La Haye, Husson,* 1727, 4 *tomes en* 5 *vol. in-fol.*

863 Œuvres du Chevalier de Méré, *Amst. Mortier,* 1692, 3 *vol. in-12.*

864 Recueil de Pieces choisies, tant en prose qu'en vers, publiées par Bern. de la Monnoye. *La Haye, Gosse,* 1714, 2 *vol. in-12.*

865 Pieces échappées du feu. *Plaisance,* 1717, *in-12. v. f.*

866 Diversitez curieuses pour servir de récréation à l'esprit, par l'Abbé Bordelon. *Amst.* 1699, 7 *vol. in-12. v. f.*

867 Les Œuvres diverses de Bernard le Bovier de Fontenelle, enrichies de figures gravées en taille-douce, par B. Picart. *La Haye, Gosse,* 1728, 3 *vol. in-fol. v. f.*

868 Dissertations sur différens sujets, composées par Huet, recueillies par l'Abbé Tilladet. *La Haye, Winants,* 1720, 2 *vol. in-12.*

869 Œuvres mêlées de la Grange. *La Haye, le Vier,* 1724, *in-12.*

870 Recueil de différentes choses, par le Marquis de Lassay. *Lausanne, (Paris),* 1756, 4 *vol. in-8. sur pap. in-4. v. f.*

871 Les Œuvres du P. du Cerceau. *Paris, Estienne,* 1733, 2 *vol. in-12.*

872 Mémoires politiques, amusans & satyriques, par de Brassey. (*Holl.*) 1735, 3 *vol. in-*12. *v. f.*

873 Œuvres mélées de l'Abbé Nadal. *Paris, Briasson,* 1738, 3 *vol. in-*12.

874 Œuvres de Houdar de la Motte. *Paris, Prault,* 1754, 11 *vol. in-*12. *v. éc.*

875 Œuvres de Charles de Secondat de Montesquieu. *Amst.* (*Paris*), 1758, 3 *vol. in-*4.

876 Œuvres de Voltaire. (*Paris*), 1751, 11 *vol. in-*12. *fig. v. f.*

877 Les mêmes Œuvres de Voltaire. (*Genéve*), 1775, 40 *vol. in-*8. *fig. v. éc.*

878 Œuvres complettes de Voltaire. *De l'Imprimerie de la Société Littéraire Typographique,* 1784, 50 *vol. in-*8. *br.*

879 . . . .

880 . . . .

881 Recueil de Pieces d'Histoire & de Littérature. (par l'Abbé Granet). *Paris, Chaubert,* 1738, 2 *vol. in-*12. *v. f.*

882 Amusemens Littéraires, par de la Barre de Beaumarchais. *La Haye, van Duren,* 1740, 3 *vol. in* 12. *v. f.*

883 Œuvres de Fr. Aug. de Moncrif. *Paris, Brunet,* 1752, 3 *vol. in-*12.

884 Essais sur divers sujets de Littérature & de Morale, par l'Abbé Trublet. *Paris, Briasson,* 1749, 2 *vol. in-*8. *gr. pap. v. f.*

885 Œuvres en vers & en prose de Paul Desforges-Maillard. *Amst. Mortier,* 1759, 2 *vol. in*12 *fil. d.*

886 Œuvres de J. J. Rousseau de Geneve. *Neuchâtel,* 1764, 19 *vol. in-*8. *v. éc. f. les 9 derniers br.*

887 Œuvres du Philosophe de Sans-Soucy, Fréderic II, Roi de Prusse. (*Paris*), 1750, 2 *vol. in-*8. *v. m.*

888 Œuvres diverses de M. le Franc de Pompignan. *Paris, Chaubert,* 1753, 2 *vol. in-*12.

889 Œuvres mêlées de M. de la Fargue. *Paris, Duchesne,* 1765, 2 *vol. in-*12. *v. éc.*

890 Choix de nouveaux Opuscules sur toutes sortes de sujets intéressans par une Société Danoise. *Copenhague, Philibert,* 1771, 2 *vol. in-*8. *br.*

891 Œuvres de Poullain de Saint-Foix. *Paris, veuve Duchesne,* 1778, 6 *vol. in-*8. *v. éc.*

892 Œuvres complettes de l'Abbé de Voisenon. *Paris, Mousard,* 1781, 5 *vol. in-*8.

893 Mélanges tirés d'une grande Bibliotheque, par M. le
Marquis de Paulmy. *Paris. Moutard*, 1779, *39 vol. in-8.*
rel. & 17 *br. les tomes* 4, 5, 11, 12, 13, 20, 21, 22,
27, 28, 30, 31, 32, 61, 62 *manq.*

894 Mélanges historiques & critiques de Physique, de Littérature & de Poésie, par M. le Marquis d'Orbessan. *Toulouse,*
Birosse, 1768, *3 vol. in-8. v. éc. f.*

895 Mélanges de Littérature Orientale, par M. Cardonne.
Paris, Hérissant, 1770, *2 vol. in-12.*

896 The Works of Henry St. John Lord Viscount of Bolingbroke, published by Dav. Mallet. *London*, 1754,
5 vol. in-4. gr. pap. v. f.

Dialogues.

897 Les Dialogues de Jacques Tahureau. *Paris, Buon*, 1572,
in-16.

898 Dialogue de trois Vignerons du Pays du Maine, sur les
miseres du temps, par J. Sousnor. *Rouen, Ferrant*, 1630,
in-8.

899 Lucien en belle-humeur, ou nouvelles conversations des
Morts. *Amst. Michiels*, 1694, *2 vol. in-12.*

900 Entretiens Littéraires & Galans, avec les Avantures de
Don Palmerin & de Thamire par du Perron de Castera.
Paris, veuve Pissot, 1738, *2 vol. in 12. v. f.*

901 Entretiens familiers d'un François, d'un Anglois & d'un
Cosmopolite, sur les divers intérêts économiques & politiques
de la France, de l'Espagne & de l'Angleterre. *Amst.* 1776,
3 vol. in 8. v. éc.

902 Hexameron, ou six Journées d'Ant. de Torquemade, trad.
de l'espagnol par Gabr. Chappuys. *Lyon, de Harsy*, 1582,
in 8.

903 Dialogues des Morts, trad. de l'Anglois de Lyttelton.
Amst. Schneider, 1767, *in-8.*

Epistolaires.

904 Lettres de Pline, trad. par de Sacy. *Paris*, 1721, *3 vol.*
in-12.

905 Epistolæ obscurorum virorum. *Londini*, 1710, *in-12.*

906 Lettres de Calvin à Jacq. de Bourgogne & à son épouse.
Amst. Wetstein, 1744, *in-8.*

907 Lettres de Busbec, trad. en franç. avec des notes, par
M. l'Abbé de Foy. *Paris, Bauche*, 1748, 3 *vol. in-12.*

908 Essai de Traduction de quelques Epîtres & autres Poésies latines de Mich. de l'Hôpital. *Paris, Moutard*, 1778, *in*-8.

909 Lettres de Guy Patin. *Paris, Petit*, 1692, 4 *vol. in*-12. *v. f.*

910 Lettres de Marie de Rabutin Chantal, Marquise de Sévigné. *Paris, Rollin*, 1738, 8 *vol. in*-12. *v. f.*

911 Lettres de Roger de Rabutin, Comte de Bussy. *Paris, Delaulne*, 1706, 7 *vol. in*-12.

912 Lettres choisies de M. de la Riviere. *Paris, Debure*, 1751, 2 *vol. in*-12. *v. f.*

913 Lettres sérieuses & badines sur un Livre intitulé : *État présent de la République des Provinces-Unies*, par Janiçon. *La Haye, van Duren*, 1729, 6 *vol. in*-12.

914 Lettres Juives par le Marquis d'Argens. *La Haye,* (*Paris*), 1764, 8 *vol. in*-12.

915 Lettres de Voltaire à ses amis du Parnasse. *Genéve*, 1766, *in*-8.

916 Lettres de l'Abbé le Blanc. *Lyon, Delaroche*, 1758, 3 *vol. in*-8. *v. f.*

917 Lettres du Pape Clément XIV (*Ganganelli*). *Paris, Lottin*, 1776, 4 *vol. in*-12.

918 Les soirées Provençales, ou Lettres de M. Bérenger, écrites à ses amis pendant ses voyages dans sa patrie. *Paris, Nyon*, 1786, 3 *vol. in*-12.

919 Lettere Istoriche, Politiche ed erudite, raccolte da Ant. Bulifon. *In Pozzvoli, Bulifon*, 1693, 3 *vol. in*-12.

920 Nouvelles Lettres Persannes, trad. de l'anglois de Lyttelton. *Holl.* 1735, 2 *vol. in*-12 *v. f.*

921 Lettres de Ph. Dormer Stanhope, Comte de Chesterfield, trad. de l'anglois. *Amst. Changuion*, 1776, 4 *vol. in*-12.

HISTOIRE.

INTRODUCTIONS ET TRAITÉS PRÉPARATOIRES A L'ÉTUDE DE L'HISTOIRE.

922 J. BODINI Methodus ad facilem Historiarum cogni-
tionem. *Parisiis, Juvenis, 1566, in-4. m. r.*

923 Méthode pour étudier l'Histoire, avec un Catalogue des
principaux Historiens & des remarques sur la bonté de leurs
Ouvrages, & sur le choix des meilleures éditions, par
l'Abbé Lenglet du Fresnoy, avec le Supplément. *Paris,
Gandouin, 1729, 6 tomes en 5 vol. in-4. gr. pap.*

924 Lettres sur l'Histoire, trad. de l'anglois de Bolingbroke,
(par Barbeu du Bourg). (*Paris, veuve Pissot*), 1752,
2 *vol. in-8.*

925 Morale de l'Histoire, par M. de Mopinot. *Bruxelles,
Boubert, 1769, 3 vol. in-12.*

926 Traité des différentes sortes de preuves qui servent à
établir la vérité de l'Histoire, par le P. H. Griffet. *Liége,
Bassompierre, 1775, in-12.*

GÉOGRAPHES ANCIENS ET MODERNES.

927 La Cosmographie Universelle, par Fr. de Belle-Forest.
Paris, Sonnius, 1575, 2 vol. in fol.

928 Théâtre du Monde, par Davity. *Paris, 1661, 2 vol.
in.fol.*

929 Dictionnaire Géographique, historique & critique, par
Ant. Aug. Bruzen de la Martiniere. *La Haye, Gosse,
1726, 10 tomes en 9 vol. in-fol.*

930 Géographie Ancienne abrégée, avec les Cartes enluminées, par J. B. d'Anville. *Paris, Merlin, 1769, in fol.
v. m.*

931 Traité de Géographie, trad. de l'allemand de Busching.
Zullichow, 1768, 2 vol. in-8.

932 Le Parterre géographique & historique, par le sieur de
Bouis. *Paris, Nyon, 1753, in-8.*

933 Danubius Pannonicomysicus, Observationibus geogra-
phicis, &c. perlustratus ab Aloys. Ferd. Com. Marsigli.
Hagæ-Comitum, Gosse, 1726, 6 vol. in-fol. fig.

H ij

934 Obſervations hiſtoriques & géographiques ſur les Peuples barbares qui ont habité les bords du Danube & du Pont-Euxin, par M. de Peyſſonel. *Paris, Tilliard, 1765, in-4. fig.*

935 Dictionnaire géographique portatif de la France. *Paris, Deſaint, 1765, 4 vol. in-8. v. éc.*

936 Le Géographe pariſien. *Paris, Prault, 1769, 2 vol. in-8. v. éc.*

937 Itinéraire portatif d'un arrondiſſement de trente à quarante lieues de Paris, par L. Denis. *Paris, Ducheſne, 1776, 2 vol. in-12.*

938 Dictionnaire des Poſtes, par M. Guyot. *Paris, Delatour, 1754, in-4. m. r*

939 Recherches hiſtoriques & géographiques ſur le nouveau Monde, par J. Benoit Scherer. *Paris, Brunet, 1777, in-8. v. éc. fig.*

Deſcriptions & Cartes Géographiques.

940 Abr. Ortelii Theatrum Orbis Terrarum. *Antuerpiæ, Vrintius, 1603, in fol. m. v. m.*

941 Atlas, ou Repréſentation du Monde Univerſel, pat Ger. Mercator, & J. Hondius, avec les Cartes enluminées. *Amſt. Hondius, 1633, 2 vol. in-fol. m. vel.*

942 Le grand Atlas, ou Coſmographie Blaviane. *Amſt. Blaeu, 1667, 12 vol. in fol. vel. avec les Cartes enluminées.*

943 Atlas de G. de L'Iſle. *Paris, 1700, in fol. m.*

944 Atlas univerſel, ou Recueil de Cartes géographiques, par M. M. Robert & de Vaugondy. *Paris, Boudet, in-fol. gr. pap. v. m.*

945 Atlas méthodique & élémentaire de Géographie & d'Hiſtoire, par Buy de Mornas. *Paris, Deſnos, 1761, 4 vol. in-fol. gr. pap.*

946 Atlas portatif. *Amſt. Changuion, 1773, in-4.*

947 Atlas portatif, par le Rouge. *Paris, in-4.*

948 Recueil de Cartes contenues en quatorze Porte-feuilles *in-fol.*

949 Carte de Naples, par Rizzi Zannoni, *collée ſur toile.*

950 Carte des Environs de Gènes, en 1747. *manuſc.* & Plan du Fort Saint-Philippe, *manuſc.* Plan de Meſſine, *manuſc.* monté.

951 Iſles Baléares, ou Mayorque & Minorque. — Port-Mahon, *manuſc.*

952 Carte de France de M. de Caſſini, tout ce qui en a paru juſques à préſent, collée ſur toile, enluminée, en 9 boîtes in-4. avec des dos de maroq.

953 Atlas Chorographique, hiſtorique & portatif des Élections du Royaume, par une ſociété d'Ingénieurs, dirigé par le ſieur Deſnos, avec une Deſcription par M. l'Abbé Regley. *Paris, Savoye, 1763, in-4.*

954 Côtes maritimes de France, par le Rouge. *Paris, 1757 ; in-4.*

955 Plan de Tournay & ſes environs, levé en 1712. *Manuſc. monté.*

956 Plan de Paris, par Bailleul, *monté & collé ſur toile,* & Carte des Environs de Paris, par les Bénédictins.

957 Plan de Bordeaux, par Latré, *monté,* & Carte de Nantes, par le même.

958 Le Siége de la Rochelle ſous Louis XIII, grande Carte montée ſur gorge, avec l'Iſle de Rhé & d'Oleron, *montée.*

959 La Franche-Comté, par Queret, *montée.*

960 Plan du ſiége de Philiſbourg en 1734. *Manuſc. monté.*

961 Cartes des Pays-Bas, avec les plans des Villes, Siéges & Batailles données entre les hauts Alliés & la France. *Bruxelles, Friex, 1712, in-fol. en peau.*

962 Zélande, de le Rouge : — Provinces-Unies, partie méridionale, par le même : — Le Royaume de Bohême, par le même : — L'Allemagne ſeptentrionale & partie de la Pologne, par le même. *manuſc. montées.*

963 Atlas Élémentaire de l'Empire d'Allemagne, par l'Abbé Courtalon. *Paris, Boudet, 1774, in-4.*

964 Théâtre de la Guerre en Allemagne. *Paris, Beaurain ; in 4. m. r.*

965 Plan de Vienne, par Marinoni, levé en 1712 ; *manuſc. monté.*

966 Carte de l'Electorat de Saxe, par Zurner, *montée.*

967 Atlas Sileſiæ, ab Homannianis hæredibus editus. *Norimbergæ, 1750, in-fol. m. v. m.*

968 Atlas Saxonicus novus, autore Petro Schenk. *Amſt. 1757, in-fol.*

969 Carte de la Pologne diviſée par Provinces & Palatinats, par Rizzi Zannoni, 1772, *in fol. v. m.*

970 Atlas Ruſſien, contenant une Carte générale & dix-neuf Cartes particulieres de tout l'Empire de Ruſſie, par l'Académie Impériale des Sciences de Saint-Péterſbourg. *Saint-Péterſbourg, 1745, in-fol.*

971 Carte de l'Inde de Jeffery, *collée ſur toile.*

972 The West Indian Pilot: or, a général description of the West Indies by Thom. Jefferys. *London*, *Sayer*, 1775, *in-fol. m.*

973 The American Atlas: or, a Geographical description of the Whole continent of America, engraved on Forty-nine Copper-plates, by Thom. Jefferys. *London*, *Sayer*, 1776, *in-fol. m.*

974 Carte de l'Amérique Septentrionale, par Bellin. — Carte Angloise du Nord de l'Amérique, *montée.*

975 Le Neptune Oriental, par M. d'Après de Mannevilette. *Paris*, *Robustel*, 1745, *in fol. m. mar. r.*

976 Le même. *Paris, Demonville, 1775, in fol. m. en feuilles.*

V O Y A G E S.

Collections de Voyages, & Voyages autour du Monde.

977 Histoire générale des Voyages, ou Collection de toutes les relations de Voyages par mer & par terre, publiée par des Auteurs Anglois, trad. & continuée par l'Abbé Prevost. *Paris, Didot, 1746 & suiv. 19 vol. in-4. fig. v. f.*

978 Abrégé Chronologique, ou Histoire des découvertes faites par les Européens dans les différentes parties du Monde, par J. Barrow, trad. de l'anglois, par M. Targe. *Paris, Saillant, 1766, 12 vol. in-12.*

979 Voyage autour du Monde, trad. de l'italien de Gemelli Careri. *Paris, Ganneau, 1719, 6 vol. in 12. fig. v. f.*

980 Voyage autour du Monde, fait dans les années 1740, 1741, 1742, 1743 & 1744, par G. Anson, publié par Rich. Walter, trad. de l'anglois. *Amst- Merkus, 1749, in-4. fig.*

981 Voyage autour du Monde, sur la Frégate du Roi *la Boudeuse*, en 1766, 1767, 1768 & 1769, par M. de Bougainville. *Paris, Nyon, in-4. fig. v. éc.*

982 Relation des Voyages entrepris par ordre de Sa Majesté Britannique pour faire des découvertes dans l'Hémisphere méridional, exécutés par Byron, Carteret, Wallis & Cook, rédigée par J. Hawkesworth, trad. de l'anglois. *Paris, Saillant, 1774, 5 vol. in-4. fig.*

983 Troisiéme Voyage de Cook, trad. de l'anglois, par M. Démeunier. *Paris, Panckoucke, 1785, 8 vol. in 8. en carton.*

984 Voyages de Pietro della Vallé. *Paris, Clouzier, 1662, 4 vol. in-4.*

985 Voyages en divers États d'Europe & d'Asie, pour découvrir un nouveau chemin â la Chine, par le P. Phil. Avril. *Paris, Barbin, 1692, in-4.*

986 Relations de divers Voyages curieux, qui n'ont point esté publiées, données par Melchisedech Thevenot. *Paris, Moette, 1696, 2 vol. in-fol. fig. v. f.*

987 Voyages de la Motray en Europe, Asie & Afrique. *La Haye, Johnson, 1727, 2 vol. in-fol. fig.*

988 Histoire des Découvertes faites par divers savans Voyageurs dans plusieurs contrées de la Russie & de la Perse. *Berne, Soc. Typogr. 1779, 4 vol. in-8. fig. v. éc.*

989 Voyage fait par ordre du Roi, en 1771 & 1772, en diverses parties de l'Europe, de l'Afrique & de l'Amérique, pour vérifier l'utilité de plusieurs méthodes & instrumens servant à déterminer la Latitude & la Longitude, par MM. de Verdun de la Crenne, de Borda & Pingré. *Paris, de l'Imprimerie Royale, 1778, 2 vol. in-4. fig.*

Voyages en Europe.

990 Voyages dans la partie septentrionale de l'Europe, trad. de l'anglois de Jos. Marshall, par M. Pingeron. *Paris, Dorez, 1776, in-8.*

991 Voyage au Pôle Boréal, fait en 1773 par Const. J. Phipps, trad. de l'anglois. *Paris, Pissot, 1775, in-4. fig.*

992 Lettres & Mémoires du Baron de Polnitz, contenant les Observations qu'il a faites dans ses voyages. *Amst. Changuyon, 1737, 5 vol. in-12. v. f.*

993 Voyage de France, de Portugal & d'Italie, par M. de Silhouette. *Paris, Merlin, 1770, 3 vol. in-12.*

994 Journal du Voyage de M. de Montaigne en Italie, avec des notes par de Querlon. *Paris, le Jay, 1774, 3 vol. in-12.*

995 Le même. *Paris, le Jay, 1774, in-4. gr. pap. br.*

996 Voyage d'Italie, par Misson. *La Haye, van Bulderen, 1702, 4 vol. in-12. fig. v. f.*

997 Voyage d'Italie, par G. d'Emiliane. *Rotterdam, Acher, 1727, 2 vol. in-12. v. f.*

998 Voyage d'un François (M. de la Lande) en Italie. *Paris, Desaint, 1764, 8 vol. in-12.*

999 Voyage en Sicile & à Malte, trad. de l'anglois de Brydone par M. Démeunier. *Paris, Pissot, 1775, 2 vol. in-8.*

1000 Mémoires & Voyages du P. de Singlande. *Paris, Delalain, 1765, 2 vol. in-12. v. éc.*

[64]

1001 Journal du Voyage du Marquis de Courtanvaux, pour
essayer plusieurs instrumens relatifs à la longitude, mis en
ordre par M. Pingré. *Paris, de l'Imprimerie Royale,
1768, in-4. fig. v. f.*

1002 Voyage pittoresque de la Grece, (par M. de Choiseul-
Gouffier). *Paris, 1782, 12 cahiers in fol. br.*

Voyages en Asie.

1003 Voyages & découvertes faites par les Russes, le long
des côtes de la Mer Glaciale, & sur l'Océan Oriental, trad.
de l'Allemand de Muller par Dumas. *Amst. Rey, 1766,
2 vol. in-12.*

1004 Voyage en Sibérie, fait par ordre du Roi en 1761,
par l'Abbé Chappe d'Auteroche. *Paris, Debure, 1768,
3 vol. in-4. gr. pap. fig. v. f. fil. d.*

1005 Mémoires du Chev. d'Arvieux, contenant ses Voyages
à Constantinople, dans l'Asie, &c. recueillis par le P. Labat.
Paris, Delespine, 1735, 6 vol. in-12.

1006 Voyages de Chardin en Perse & autres lieux de l'O-
rient. *Amst. de Lorme, 1711, 10 vol. in-12. fig.*

1007 Relation d'un Voyage du Levant, fait par ordre du
Roi, par Pitton de Tournefort. *Paris, de l'Imprimerie
Royale, 1717, 2 vol. in-4. fig.*

1008 Voyage en Turquie & en Perse, par Otter. *Paris,
Guérin, 1748, 2 vol. in 12.*

1009 Voyages de Richard Pockocke en Orient, Egypte,
Syrie, &c trad. de l'anglois. *Paris, Costard, 1772, 6 vol.
in-12.*

1010 Voyages de Fr. Bernier au Mogol. *Amst. Marret, 1724,
2 vol. in-12 fig.*

1011 Voyages de Dellon, avec sa relation de l'Inquisition
de Goa. *Cologne, Marteau, 1709, 3 vol. in 12.*

1012 Histoire des Voyages que les Danois ont fait dans les
Indes Orientales, depuis 1705, jusqu'en 1737. *Genéve,
Gosse, 1747, 3 tomes en un vol. in-8.*

1013 Voyage dans les Mers de l'Inde, fait par ordre du
Roi, à l'occasion du passage de Vénus sur le disque du
Soleil, le 6 Juin 1761 & le 3 Juin 1769, par M. le
Gentil. *Paris, de l'Imprimerie Royale, 1779, 2 vol.
in-4. fig.*

1014 Voyage aux Indes Orientales & à la Chine, fait par
par ordre du Roi, depuis 1774, jusqu'en 1781, par M.
Sonnerat. *Paris, Nyon, 1782, 2 vol. in-4. fig. en cart.*
1015

1015 L'Ambaſſade de la Compagnie Orientale des Provinces
unies vers l'Empereur de la Chine , par J. Nieuhoff, mis
en franç. par J. le Carpentier. *Leyde , de Meurs , 1665*
in-fol. fig.
1016 Ambaſſades mémorables de la Compagnie des Indes
Orientales des Provinces-Unies vers les Empereurs du Japon.
Amſt. de Meurs , 1680, in-fol. fig.
1017 Journal du Voyage de Siam , fait en 1685 & 1686, par
l'Abbé de Choiſy. *Paris , Cramoiſy , 1687, in-4.*

Voyages en Afrique.

1018 Voyage du Chev. des Marchais en Guinée & à Cayenne,
par le P. Labat. *Paris , Saugrain , 1730, 4 vol. in-12.*
fig.
1019 Journal hiſtorique du Voyage fait au Cap de Bonne-
Eſpérance, par l'Abbé de la Caille. *Paris , Guillyn,*
1763 , in-12.

Voyages en Amérique.

1020 Voyages du Baron de la Hontan dans l'Amérique Sep-
tentrional. *La Haye , Delo , 1706, 2 vol. in-12. fig.*
1021 Voyage de la Baye de Hudſon, trad. de l'anglois de H.
Ellis. *Paris , Ballard , 1749, 2 tomes en un vol. in-12. fig.*
v. f.
1022 Voyage fait par ordre du Roi en 1750 & 1751, dans l'A-
mérique Septentrionale, par M. de Chabert. *Paris , de l'Im-*
primerie Royale , 1753 , in-4. fig.
1023 Journal du Voyage fait par ordre du Roi à l'Equateur, par
de la Condamine , avec la meſure des trois premiers degrés
du Méridien. *Paris , de l'Imprimerie Royale , 1751, 2 tomes*
en un vol. in-4. fig. v, m,
1024 Hiſtoire d'un Voyage aux Iſles Malouines, fait en 1763 &
1764, par D. Pernetti. *Paris , Nyon , 1770, 2 vol. in 8.*
v. éc.

Voyages imaginaires.

1025 Voyages de Robinſon Cruſoé. *Amſſ. Châtelain , 1721,*
3 vol. in-12. fig.
1026 Voyages & Aventures de Fr. Leguat. *Londres, Mortier,*
1720, 2 tomes en un vol. in-12. fig.
1027 Voyages de Gulliver, trad. de l'anglois de Swift, par

I

l'Abbé des Fontaines, avec le N. Gulliver. *Paris, Guérin,*
1727, 2 *vol. in*-12.
1028 Mémoires de Gaudence de Luques. *Amst. (Paris),*
1753, 2 *vol. in*-12. *m. r.*
1029 Voyages de Robertson aux terres Australes, trad. de l'anglois. *Amst.* 1767, *in*-12.

CHRONOLOGIE.

1030 La Bibliotheque historiale de Nic. Vignier. *Paris, l'An-*
gelier, 1588, 4 *vol. in-fol. m. r.*
1031 Chronologie coupee. *in-fol.*
1032 Abrégé Royal de l'Alliance Chronologique de l'Histoire
sacrée & profane, par le P. Phil. Labbe. *Paris, Meturas,*
1651, 2 *vol. in*-4.
1033 L'Antiquité des tems rétablie & défendue contre les nouveaux Chronologistes, par Paul Pezron. *Amst. Desbordes,*
1687, *in*-12.
1034 Tablettes Chronologiques de l'Histoire Universelle sacrée
& profane, ecclésiastique & civile, par l'Abbé Lenglet Dufresnoy. *Paris, Debure,* 1763, 2 *vol. in*-8.
1035 L'Art de vérifier les Dates des faits historiques, des Char-
tes, des Chroniques, &c. par un Religieux Bénédictin. *Paris,*
Desprez, 1770, *in-fol. v. éc. f.*
1036 Chronologie des Rois du grand Empire des Egyptiens,
par M. d'Origny. *Paris, Vincent,* 1765, 2 *vol. in*-11. *v. f.*
d. f. tr.

Histoire Universelle de tous les temps & de tous les lieux.

1037 La Fleur & Mer des Hystoires. *Paris, Couteau,* 1519,
2 *tomes en un vol. in-fol. goth. le premier titre & la table*
manq.
1038 Discours sur l'Histoïre Universelle, par J. B. Bossuet.
Paris, David, 1730, 2 *vol. in*-12.
1039 Histoire Universelle depuis le commencement du Monde
jusqu'à présent, trad. de l'anglois, d'une société de Gens de
Lettres. *Paris, Moutard,* 1779 *& années suivantes,* 114 *vol.*
in-8. *br.*
1040 Cours d'Histoire Universelle, par M. Luneau de Boisjermain. *Paris, Panckoucke,* 1768, 2 *vol. in* 8
1041 Histoire Générale de l'Etat de l'Europe. *Paris, Costard,*
1774, 2 *vol in*-12.
1042 Histoire générale des Guerres, par le Chevalier

d'Arcq. *Paris, de l'Imprimerie Royale*; 1756, 2 *vol. in-4.
v. éc.*

2043 Histoire des Conjurations, Conspirations & Révolutions célebres, tant anciennes que modernes, par Duport du Tertre. *Paris, Duchesne*, 1754, 10 *vol. in-12. v. f.*

Histoire Universelle de certains temps ; Journaux historiques, Gazettes, &c.

2044 Introduction à l'Histoire moderne, générale & politique de l'Univers, par le Baron de Pufendorff, augmentée par Bruzen de la Martiniere, nouvelle édition, revue & considérablement augmentée, par M. de Grace. *Paris, Mérigot*, 1753, 8 *vol. in-4. v. f.*

2045 Abrégé de l'Histoire Universelle depuis Charlemagne, par Voltaire, *Londres*, 1753, 3 *vol. in-12.*

2046 Histoire & Chronique de J. Froissart, revue & corrigée pat Den. Sauvage. *Paris, de Roigny*, 1674, 4 *tomes en un vol. in-fol.*

2047 Chroniques d'Enguerran de Monstrelet. *Paris, Chaudiere*, 1572, 3 *tomes en un vol. in-fol.*

2048 Histoire Universelle de Jacq. Auguste de Thou, depuis 1543 jusqu'en 1607, trad. en Fr. par l'Abbé Prevost, l'Abbé Desfontaines, &c. *Londres, (Paris)*, 1734, 16 *vol. in-4. v. f.*

2049 Abrégé de l'Histoire Universelle de J. Aug. de Thou, par Remond de Sainte Albine. *La Haye, (Paris)*, 1759, 10 *vol. in-12. v. éc.*

2050 Historia delle guerre Civili di Francia, di Henr. Caterino Davila. 1646, *in-fol.*

2051 Histoire Universelle de Théod. Agrippa d'Aubigné. *Maillé, Moussat*, 1616, 2 *vol. in-fol. v. éc.*

2052 Histoire du seizieme siécle, par Durand. *La Haye, Rogissard*, 1734, 4 *vol. in-12.*

2053 Memorie recondite dopo l'anno 1601 al 1640, da Vittorio Siri. *In Ronco, Parigi, e Lione*, 1677, *& ann. seqq.* 8 *vol. in-4. v. f.*

2054 Il Mercurio, overo Istoria de correnti Tempi, dopo l'anno 1635 al 1655, dal medesimo Vittorio Siri. *In Casale, Parigi, Lione e Fiorenza*, 1646, *& ann. seqq.* 15 *tomes rel. en* 17 *vol. in-4. v. f.*

2055 Mémoires pour servir à l'Histoire Universelle de l'Europe depuis 1600 jusqu'en 1716, par le P. Davrigny. *Paris, Delespine*, 1731, 4 *vol. in-12.*

I ij

1056 Istoria delle guerre avvenute in Europa, per la succes-
fione alla Monarchia delle Spagne, dal C. Fr. Maria Ottieri.
In Roma, Bernabo, 1728, *in*-4. *v. f.*

1057 Mémoires pour servir à l'Histoire de l'Europe, depuis
1740 jusqu'à la Paix d'Aix-la-Chapelle. *Amst.* 1749, 4 *vol.
in*-12.

1058 Historie memorabili de' nostri tempi scritte da Aless. Zi-
liolo, dal C. Maiolino Bisaccioni, e da G. B. Birago Avo-
gadro. *Venezia, Turrini,* 1754, 5 *vol. in*-4.

1059 L'Espion Turc dans les Cours des Princes Chrétiens,
par P. Marana. *Cologne, Kinkius,* 1715, 6 *vol. in*-12.

1060 Histoire impartiale des événemens militaires & politiques de la derniere guerre dans les quatre parties du Monde.
Paris, Duchesne, 1785, 3 *vol. in* 12.

1061 Recueil des Gazettes commencées en 1631, par Théo-
phraste Renaudot, jusqu'en 1787 inclusivement, avec les
Gazettes à la main pour les années 1723 à 1748. 212 *vol.
in*-4. *rel. à l'exception des premieres années & des dernieres.*

Histoire Ecclésiastique Universelle.

1062 Jac. Saliani Annales Ecclesiastici Veteris Testamenti.
Lutetiæ-Parisiorum, Joly, 1641, 6 *vol. in-fol. c. m.*

1063 Annalium Ecclesiasticorum Cæs. Baronii continuatio,
per Henr. Spondanum. *Lugduni, Posuel,* 1678, 2 *vol.
in-fol.*

1064 Annales Ecclesiastici ex XII tomis Cæs. Baronii in
Epitomen redacti, operâ Henr. Spondani. *Lugduni, Posuel,*
1686, 2 *vol. in fol.*

1065 Histoire de l'Eglise, par Ant. Godeau. *Paris, Jolly,*
1672, 5 *tomes en* 3 *vol. in fol.*

1066 Mémoires pour servir à l'Histoire Ecclésiastique des six
premiers siécles, par Lenain de Tillemont. *Paris, Robustel,*
1701, 16 *vol. in*-4. *mar. r.*

1067 Histoire Ecclésiastique, par Fleury. *Paris, Mariette,*
1732, 37 *vol. in*-4. *v. f.*

1068 Abrégé de l'Histoire Ecclésiastique, avec des réflexions,
par l'Abbé Racine. *Cologne,* 1752, 16 *vol. in*-12.

1069 Abrégé Chronologique de l'Histoire Ecclésiastique, par
Macquer. *Paris, Hérissant,* 1751, 2 *vol. in*-8. *v. f.*

1070 Mémoires Chronologiques & Dogmatiques, pour servir
à l'Histoire Ecclésiastique, depuis 1600 jusqu'en 1716. 1720,
4 *vol. in*-12.

1071 Les mêmes Mémoires chronologiques & dogmatiques. 1739, 4 vol. in-12.

Histoire Ecclésiastique particuliere, distinguée par ordre d'Eglises & de Nations.

1072 Les Antiquitez & Recherches de la Chapelle & Oratoire du Roy de France depuis Clovis, par Guil. du Peyrat. *Paris, Sara, 1645, in-fol.*

1073 Mémoires pour servir à l'Histoire de Port-Royal, par Fontaine. *Cologne (Paris), 1753, 4 vol. in-12.*

1074 Histoire Chronologique de l'Eglise, Evesques & Archevesques d'Avignon, par Franç. Nouguier. *Avignon, Bramereau, 1659, in-4. v. f.*

1075 Jo. Petri Puricelli Ambrosianæ Mediolani Basilicæ, ac Monasterii Cistertiensis Monumentorum descriptio. *Lugd. Batav. Vander Aa. in-fol. fig. v. éc.*

1076 Oriens Christianus in quatuor Patriarchatus digestus, studio & operâ Fr. Mich. le Quien. *Parisiis, ex Typographiâ Regiâ, 3 vol. in-fol. c. m. v. m.*

1077 Lettres édifiantes & curieuses écrites des Missions étrangeres. *Paris, le Clerc, 27 vol. in-12. les tomes 13 à 20 manq.*

Histoire des Conciles.

1078 Histoire du Concile de Trente de Fra-Paolo Sarpi, trad. par Amelot de la Houssaye, avec des remarques. *Amst. Blaeu, 1699, in 4.*

1079 La même, trad. par P. Fr. le Courayer, avec des notes critiques, historiques & théologiques. *Amst. Smith, 1736, 2 vol. in-4. v. f.*

1080 Histoire du Concile de Trente, écrite en Italien par Fra-Paolo Sarpi, trad. avec des notes par P. Fr. le Courayer. *Amst. Smith, 1751, 3 vol. in-4. v. f.*

Histoire des Papes & des Cardinaux.

1081 Histoire des Papes, par Fr. Bruys. *La Haye, Scheurleer, 1732, 5 vol. in-4.*

1082 Histoire de la Papesse Jeanne, tirée de Spanheim. *La Haye, Scheurleer, 1720, 2 vol. in-12. fig. v. f.*

1083 La Vie du Pape Alexandre VI, & de son fils César Borgia, trad. de l'anglois de Gordon. *Amst. Mortier, 1732, 2 vol. in-12. v. f.*

1084 La Vie du Pape Sixte V, trad. de l'Italien de Gregorio Leti. *Paris, Prault, 1731, 2 vol. in-12. fig.*

1085 Histoire de Clément XI, par Reboulet. *Avignon, Girard, 1752, in-4.*

1086 L'Avocat du Diable, ou mémoires historiques & crit. sur la vie & sur la légende du Pape Grégoire VII. *Saint-Pourcain, 1743, 3 vol. in-12. v. f.*

1087 Le Népotisme de Rome, traduit de l'italien. 1669, *in-16. v. f.*

1088 Histoire des Conclaves depuis Clément V. *Cologne, 1694, 2 vol. in-12. fig. v. f.*

1089 Histoire des Cardinaux François, par M. l'Abbé Roy. *Paris, Poinçot, 1786, 2 vol. in-8. fig. br.*

1090 Histoire du Cardinal de Tournon, par le P. Ch. Fleury. *Paris, d'Houry, 1728, in-8.*

1091 La Vie du Cardinal de Berulle, par Germain Habert. *Paris, Camusat, 1646, in-4.*

Histoire Monastique & des Ordres Religieux & Militaires.

1092 Histoire de l'Abbaye de Saint Denis, par Jacq. Doublet. *Paris, Soly, 1625, in-4. l. p. m. r.*

1093 Histoire de l'Abbaye Royale de Saint Germain des Prez, par D. Jacq. Bouillart. *Paris, Dupuis, 1724, in-fol. fig. gr. pap. v. f.*

1094 l'Auguste Basilique de l'Abbaye Royale de Saint-Arnouf de Metz, par André Valladier. *Paris, Chevalier, 1615, in-4*

1095 Histoire impartiale des Jésuites. (*Paris*) 1768, 2 vol. *in-12.*

1096 Le Contre-assassin, ou Response à l'Apologie des Jésuites. 1612, *in 8.*

1097 Les Jésuites mis sur l'échafaut, pour plusieurs Crimes capitaux, par P. Jarrige. 1677, *in-12.*

1098 Le Cabinet Jésuitique contenant plusieurs pieces très-curieuses des P P. Jésuites. *Cologne, in-12.*

1099 Histoire du P. la Chaise. *Cologne, Marteau, 1719, 5 vol. in-12. v. f.*

1100 Dissertations historiques & critiques sur la Chevalerie ancienne & moderne par le P. Honoré de Sainte Marie. *Paris, Pepie, 1718, in-4.*

1101 Histoire des Ordres. Militaires ou des Chevaliers. *Amst. Brunet, 1721, 4 vol. in-8. fig.*

1102 Recueil des Ordres de Chevalleries, Querelles, Duels

& Accords depuis 1279 jufques en 1679. — Établiffement du Parlement de Paris, fait par ordre de M. d'Argenfon, Garde des Sceaux. *in-fol. manufc.*

1103 Le Martyrologe des Chevaliers de S. Jean de Hiérufalem, dits de Malthe, contenant leurs Éloges, Armes, Blafons, &c. par Math. de Gouffancourt. *Paris, Piget, 1654, 2 tomes en un vol. in-fol.*

1104 Hiftoire de Malthe, par l'Abbé René d'Aubert de Vertot. *Paris, Rollin, 1726, 4 vol. in-4. gr. pap. fig. v. f.*

1105 Hiftoire de P. d'Aubuffon, Grand-Maiftre de Rhodes, par le P. Bouhours. *Paris, Cramoify, 1676, in-4.*

1106 Statuts de l'Ordre de Saint Michel. *Paris, de l'Imprimerie Royale, 1725, in-4. v. f. d. f. tr.*

1107 Les Statuts de l'Ordre du Saint Efprit. *Paris, de l'Imprimerie Royale, 1788, in-4. m. r.*

1108 Hiftoire de l'Ordre Royal & Militaire de Saint Louis, par M. d'Afpect. *Paris, Duchefne, 1780, 3 vol. in-8. br.*

Vies des Saints.

1109 Les Vies des Saints Peres des Déferts, par Arnauld d'Andilly. *Paris, le Petit, 1657, 2 vol. in-4. m. r.*

1110 Les Vies des Saints, par A. Baillet. *Paris, Ganeau, 1739, 10 vol. in-4.*

1111 La Vie de Robert d'Arbriffel, Inftituteur de l'Ordre de Fontevrault, par B. Pavillon. *Saumur, Ernou, 1667, in-4.*

1112 La Vie de D. Barthelemy des Martyrs. *Paris, Roulland, 1679, in-8. m. r.*

1113 La Vie admirable de Sainte Brigitte, par le P. Eft. Binet. *Lille, de Rache, 1634, in-8.*

1114 La Vie de la Ducheffe de Montmorency, Supérieure de la Vifitation. *Paris, Barbin, 1684, in-8.*

1115 La Vie de la Vén. Mere Marguerite Marie Religieufe de la Vifitation Sainte Marie, par J. Jof. Languet. *Paris, Garnier, 1729, in-4.*

Hiftoire Générale des Cérémonies Religieufes des différens Peuples de la Terre.

1116 Les Cérémonies du Monde, par Alex. Rofs, trad. par Th. la Grue. *Amft. Schipper, 1666, in-4. fig.*

1117 Cérémonies & Coutumes Religieufes de tous les Peuples du Monde, repréfentées par des fignres gravées en taille douce, par Bern. Picart, avec des explications historiques, des differtations curieuses & les superstitions anciennes & modernes. *Amst. Bernard*, 1723, *& années suiv.* 11 *vol. in-fol. gr. pap.*

1118 Histoire des différens Peuples du Monde, contenant les Cérémonies religieuses & civiles &c. de chaque Nation, par M. Contant Dorville. *Paris, Hérissant*, 1770, 6 *vol. in-8.*

Histoire Ecclésiastique des Héréfies & des Hérétiques.

1119 Histoire des Héréfies & des Hérétiques, par de Sainte Garde. *Paris, Barbin*, 1697, *in-4. m. r.*

1120 Histoire critique de Manichée & du Manicheifme, par de Beaufobre. *Amst. Bernard*, 1734, 2 *vol. in 4.*

1121 Histoire de l'Arianisme, du Calvinifme, du Luthéra- nifme, du Schisme des Grecs, des Croifades, des Icono- claftes, Schisme d'Occident, de la décadence de l'Empire, de la Ligue & de l'Eglife de Rome, du Pontificat de Saint Grégoire & de Saint Léon, par le P. L. Maimbourg. *Paris, Cramoify*, 1678, &c. 26 *vol. in-12.*

1122 Histoire de la Ligue Sainte faicte al y a 380 ans, à la conduite de Simon de Montfort, contre les Hérétiques Albigeois, par P. des Vallées Sernay. *Paris, Chaudiere*, 1585, *in-8.*

1123 Histoire des Chrétiens Albigeois, par J. Paul Perrin. *Genéve, Berjon*, 1618, *in-8. v. f.*

1124 Histoire des Albigeois & des Vaudois, par le P. Benoift. *Paris, le Febvre*, 1691, 2 *vol. in-12.*

1125 Le Théâtre facré des Cevennes. *Londres, Roger*, 1707, *in-8. v. f.*

1126 Histoire des Variations des Eglifes Proteftantes, par J. Benigne Boffuet. *Liege, Broncart*, 1702, 2 *vol. in-12.*

1127 L'Histoire & Recueil de la triumphante & glorieufe Victoire obtenue contre les feduyctz & abufez Lutherien Mefcréans du Pays Daulfays & autres, par Ant. Duc de Calabre de Lorraine & de Bar, par Nicolle Volliyr de Serouville. *Paris*, 1526, *in fol. fig. goth.*

1128 Histoire de l'Edit de Nantes. *Delft, Beman*, 1693, 5 *vol. in-4.*

1129 Histoire des Anabaptiftes, (par le P. Catrou). *Amst. Defbordes*, 1699, *in-12. fig.*

1130 Histoire des Flagellans, par l'Abbé Boileau. *Amst. Dufauzet*, 1732, *in-12.*

1131 Mémoires historiques pour servir à l'Histoire des Inqui-
sitions. *Cologne, Slebus*, 1716, 2 *vol. in*-12. *fig.*

HISTOIRE PROFANE DES MONARCHIES ANCIENNES.

Histoire des Juifs.

1132 L'Histoire de Josephus, de la bataille Judaïque, transf-
laté de latin en françois, (par le Traducteur de Paul Orose).
*Paris, Ant. Vérard, 1492, imprimé sur vélin, avec les
fig. enluminées mar. bl.*

1133 Histoire des Juifs de Flavius Joseph, trad. par Arnauld
d'Andilly. *Amst. Schelte*, 1703, 5 *vol. in*-12. *fig. m. r.*

1134 Histoire du Peuple de Dieu, depuis son origine jusqu'à
la naissance du Messie, tirée des seuls Livres saints, par le
P. Isaac-Joseph Berruyer. *Paris, veuve Piffot*, 1728, 8 *vol.
in*-4.

1135 La même, avec la suite depuis la naissance du Messie,
jusqu'à la fin de la Synagogue, & la Paraphrase littérale
des Actes des Apôtres, par le même. *Paris, veuve Piffot*
1728, 1755 & 1758, 14 *vol. in*-4.

1136 Histoire du Peuple de Dieu, depuis la naissance du
Messie, par le P. Berruyer. *La Haye, (Paris)*, 1753,
8 *vol. in*-12. *v. f.*

1137 Histoire des Juifs & des Peuples voisins, depuis la
décadence des Royaumes d'Israël & de Juda, jusqu'à la
mort de Jesus-Christ, par Prideaux, trad. de l'anglois.
Amst. du Sauzet, 1728, 6 *vol. in*-12. *fig. v. f.*

1138 La Monarchie des Hébreux, par le Marquis de Saint-
Philippe, trad. de l'Espagnol. *La Haye, Alberts*, 1727,
4 *vol. in*-12.

Histoire des Chaldéens, des Babyloniens, des Assyriens, des Médes & des Perses.

1139 Histoire anciennne, par Ch. Rollin. *Paris, Estienne*,
1740, 6 *vol. in*-4. *v. m. f.*

1140 La même. *Paris, Estienne*, 1737, 14 *vol. in*-12.

1141 Histoire d'Assyrie. *Paris*, 1780, 2 *vol. in*-8. *br. fig.*

1142 Les Impostures de l'Histoire ancienne & profane. *Paris,
Costard*, 1770, 2 *vol. in*-12.

Histoire Grecque.

1143 Pausanias, ou Voyage historique de la Grece, trad. en fr. avec des remarques par Gedoyn. *Paris, Didot,* 1731, 2 *vol. in-4. fig. v. f.*

1144 Les Histoires d'Hérodote, trad. en fr. par du Ryer. *Paris, David,* 1713, 3 *vol. in-12.*

1145 Histoire Universelle de Diodore de Sicile, trad en fr. par l'Abbé Terrasson. *Paris, Debure,* 1737, 7 *vol. in 12.*

1146 De l'Expédition de Cyrus, ou de la retraite des Dix-Mille, trad. de Xenophon, par M***. *Paris, Cellot,* 1777, *in-8.*

1147 Commentaires sur la retraite des Dix-Mille de Xénophon, par M. le Cointe. *Paris, Nyon,* 1766, 2 *vol. in-12.*

1148 Histoire de Pyrrhus, Roi d'Epire. *Amst. (Paris),* 1749, 2 *vol. in-12.*

Histoire Romaine.

1149 Considérations sur les causes de la grandeur des Romains & de leur décadence, par Montesquieu. *Paris, Durand,* 1748, *in-12. v. f.*

1150 Observations sur les Romains, par l'Abbé de Mably. *Genéve (Paris),* 1767, *in-12.*

1151 Discours critiques sur l'Histoire & le Gouvernement de l'ancienne Rome, trad. de l'anglois. *Paris, de Hansy,* 1770, *in-12.*

1152 Des Mœurs & des Usages des Romains, par Bridault. *Paris, Briasson,* 1739, *in-12. v. f.*

1153 Les Décades de Tite-Live, avec les Supplémens de Freinshemius, trad. par P. Du Ryer. *Amst.* 1700, 8 *vol. in-12.*

1154 Histoire Romaine de Tite-Live, trad. en fr. par Guérin. *Paris, Dupuis,* 1739, 10 *vol. in-12. v. f.*

1155 Histoire Romaine depuis la Fondation de Rome jusqu'à la bataille d'Actium, par Ch. Rollin & Crevier. *Paris, Estienne,* 1738, 16 *vol. in-12. v. f.*

1156 La même Histoire Romaine, par Ch. Rollin. *Paris, Estienne,* 1752, 8 *vol. in-4. v. m. f. d.*

1157 Histoire Romaine, trad. de l'anglois de Laurent Echard. *Paris, Martin,* 1728, 16 *vol. in-12.*

1158 Histoire des Révolutions Romaines, par l'Abbé de Vertot. *Paris, Barrois,* 1727, 3 *vol. in-12.*

1159 Histoire de Scipion l'Africain, & d'Epaminondas, par l'Abbé Seran de la Tour. *Paris, Didot,* 1752, *in*-12. *v. éc.*

1160 Histoire de Polybe, trad. par D. Vincent Thuillier, avec un Commentaire, ou un Corps de science militaire & des notes, par de Folard. *Paris, Gandouin,* 1727, 6 *vol. in*-4. *fig. v. f.*

1161 Histoire de Cicéron, tirée de ses écrits, par Middleton, trad. de l'anglois par l'Abbé Prevost. *Paris, Didot,* 1743, 4 *vol. in*-12.

1162 Histoire du grand Pompée, par M. Moline. *Paris, Bastien,* 1777, 2 *vol. in*-12.

1163 Salluste, trad. en françois, avec le texte latin & des notes, par le P. J. H. Dotteville. *Paris, Lottin,* 1769, *in*-12.

1164 Histoire de la République Romaine, dans le cours du septiéme siécle, par Salluste, trad. du latin, rétablie & composée sur les fragmens, par le Président Ch. de Brosses. *Dijon, Frantin,* 1777, 3 *vol. in*-4. *fig.*

1165 Histoire des deux Triumvirats, par Citri de la Guette. *Amst.* (*Trevoux*) 1770, 3 *vol. in*-12.

1166 Histoire des douze Césars de Suétone, trad. par H. Ophellot de la Pause, avec des mélanges philosophiques, & des notes. *Paris, Nyon,* 1771, 4 *vol. in*-8. *v. éc.*

1167 Histoire des Empereurs, par le Nain de Tillemont. *Paris, Robustel,* 1720, 6 *vol. in*-4. *mar. r.*

1168 Histoire des Empereurs Romains, par Crevier. *Paris, Saillant,* 1749, 12 *vol. in*-12. *v. f.*

1169 Abrégé Chronologique de l'Histoire des Empereurs, par M. Richer. *Paris, David,* 1754, 2 *vol. in*-8.

1170 C. Cornelii Taciti Opera omnia, ad edit. Theod. Ryckii. *Londini, Brindley,* 1754, 4 *tom. en* 2 *vol. in*-16. *m. r.*

1171 C. Cornelii Taciti Opera. Supplementis, notis & dissertationibus illustravit Gabr. Brotier. *Parisiis, de la Tour,* 1776, 7 *vol. in*-12. *v. f. d. s. tr.*

1172 Tibere, ou les six premiers Livres des Annales de Tacite, trad. par l'Abbé de la Bleterie. *Paris, de l'Imprimerie Royale,* 1768, 3 *vol. in*-12. *v. éc.*

1173 Traduction de quelques ouvrages de Tacite, par l'Abbé de la Bletterie. *Paris, Duchesne,* 1745, 2 *vol. in*-12. *v. f.*

1174 Discours historiques, critiques & politiques sur Tacite, trad. de l'anglois de Th. Gordon. *Amst. Changuion,* 1742, 2 *vol. in*-12.

1175 Vies des Empereurs Tite Antonin & Marc-Aurele, par M. Gautier de Sibert. *Paris, Musier*, 1569, *in-12. v. éc.*

Histoire Byzantine.

1176 Historiæ Byzantinæ Scriptores post Theophanem, gr. & lat. edidit & recensuit Fr. Combefis. *Parisiis, è Typographiâ Regiâ*, 1685, *in-fol. c. m.*

1177 Chronicon Paschale à mundo condito ad Heraclii Imp. annum vicesimum, gr. & lat. ex emendatione & cum notis Car. du Fresne du Cange. *Parisiis, è Typographiâ Regiâ*, 1688, *in fol. c. m. v. m.*

1178 Jo. Zonaræ Annales, gr. & lat. ex recens. & cum notis Car. du Fresne D. du Cange. *Parisiis, è Typographiâ Regiâ*, 1686, 2 *vol. in fol. c. m.*

1179 Nicephori Gregoræ Byzantina historia, gr. & lat. cum notis Jo. Boivin. *Parisiis, è Typographiâ Regiâ*, 1702, *in-fol. c. m. v. m.*

1180 Histoire de l'Empire de Constantinople, sous les Empereurs François, par Geoffroy de Ville Hardouin, publiée par C. du Fresne du Cange. *Paris, de l'Imprimerie Royale*, 1657, *in fol.*

1181 Histoire du Bas-Empire, par le Beau. *Paris, Saillant*, 1762, 15 *vol. in-12.*

1182 Vie de l'Empereur Julien, par l'Abbé de la Bleterie. *Paris, Prault*, 1735, *in-12. v. f.*

1183 Histoire de l'Empereur Jovien, & Traduction de quelques Ouvrages de Julien, par le même. *Paris, Prault* 1748, 2 *vol. in-12.*

HISTOIRE MODERNE,

Histoire d'Italie.

1184 Description historique de l'Italie en forme de Dictionnaire. *La Haye, Gosse*, 1776, 2 *vol. in-8 fig.*

1185 Histoire des Guerres d'Italie, trad. de l'Italien de Fr. Guichardin. *Londres (Paris)*, 1738, 3 *vol. in-4. v. f.*

1186 Castruccii Bonamici Commentaria de Bello Italico. *Lugd. Batav.* 1750, 2 *vol. in-8.*

1187 De i Gran Duchi di Toscana della R. Casa de Medici ragionamenti istorici, di Giuf. Bianchini. *Venezia, Recurti*, 1741, *in fol. fig. gr. pap. v. éc.*

1188 La Toscane Françoise, contenant les éloges historiques
& généalogies des Princes, Seigneurs & grands Capitaines
de la Toscane, qui ont esté affectionnez ê la Couronne de
France, avec leurs armes gravées, par J. B. l'Hermite de
Soliers dit Tristan. *Paris, Piot, 1661, in-4.*

1189 Histoire du Royaume de Naples, trad. de l'Italien de
P. Giannone, avec des notes. *La Haye, Gosse, 1742,
4 vol. in-4. v. f.*

1190 Opere postume di Pietro Giannone, in difesa della sua
storia Civile del Regno di Napoli. *Palmyra, 1755, in-4.
v. f.*

1191 Voyage pittoresque, ou Description des Royaumes de
Naples & de Sicile, par M. l'Abbé de Saint-Non. *Paris,
1771, 4 vol. in fol. m. fig. dont 2 reliés v. éc. f. & les
2 autres brochés.*

1192 Histoire générale de Sicile, par de Burigny. *La Haye,
Gosse, 1745, 2 vol. in-4. v. f.*

1193 Histoire du Gouvernement de Venise, par Amelot de la
Houssaye. *Paris, Léonard, 1685, 2 vol. in-8. m. r.*

1194 Théâtre de Piémont & de Savoye, trad. du latin en
franç. *La Haye, Moetjens, 1700, 2 vol. in fol. m. fig.*

1195 Castigatissimi Annali della eccelsa & illustr. Republica
di Genoa da fideli & approvati Scrittori, per Agostino Gius-
tiniano racolti. *Genoa, 1537, in fol.*

1196 Dell' Storia di Genova di Uberto Foglietta Libri XII,
trad. per Fr. Serdonnati. *In Genova, Bartoli, 1597,
in fol.*

1197 Annali della Republica di Genova del secolo XVI, da
Fil. Casoni. *in Genova, Casamara, 1708. in-fol.*

1198 Histoire de la République de Gènes. *Paris, Montalant,
1742, 3 vol. in-12.*

1199 Histoire des Révolutions de Gènes, par M. de Brequi-
gny. *Paris, Nyon, 1750, 3 vol. in-12.*

1200 Della Storia di Genova dal trattato di Worms fino alla
pace d'Aquisgrana, libri IV. *Leida, 1750, in-4. gr. pap.
v. f.*

1201 Della Storia di Genova negli anni 1745 1746 & 1747,
libri tre. *1748, in 4. mar. r.*

1202 Mémoires différens sur Gènes & ses environs, par M.
Morel de Conflans & autres. *in-fol. manusc. v. f.*

1203 Description des beautés de Gènes & de ses environs,
ornée du Plan & de la Carte de la Ville. *Gènes, Gravier,
1768, in-8.*

HISTOIRE DE FRANCE.

Topographie, ou Description générale de la France.

1204 Notice de l'ancienne Gaule, par d'Anville. *Paris, Durand, 1760, in-4. v. éc.*

1205 Carte générale de la Monarchie françoise, par Lemau de la Jaille. 1733, *in-fol.*

1206 Description historique & géographique de la France, ancienne & moderne, enrichie de cartes géographiques, par l'Abbé de Longuerue. *Paris, 1722, in-fol.*

1207 Description de la France, par Piganiol de la Force. *Paris, le Gras, 1754, 15 vol. in 12.*

1208 Description générale & particuliere de la France; ouvrage enrichi d'estampes, d'après les desseins des plus célebres Artistes. *Paris, Pierres, 1782, 45 livraisons, in fol. br.*

1209 Etat de la France, avec des mémoires historiques sur l'ancien gouvernement de cette Monarchie, par le Comte de Boulainvilliers. *Londres, Wood, 1727, 3 vol. in-fol.*

1210 Etat de la France. *Paris, David, 1727, 5 vol. in-12. v. f.*

1211 Le détail de la France. 1707, *2 vol. in-12. v. f.*

1212 Dénombrement du Royaume par Généralitez, Elections, Paroisses & Feux. *Paris, Saugrain, 1720, in-4.*

1213 Les Monumens de la Monarchie Françoise, représentés en figures & expliqués par D. Bernard de Montfaucon. *Paris, Gaudouin, 1729: 5 vol. in fol.*

1214 Thrésor des Antiquités de la Couronne de France, représentées en figures. *La Haye, de Hondt, 1745, 2 vol. in fol.*

Préliminaires de l'Histoire de France, comprenant l'Histoire ancienne des Gaules.

1215 La Religion des Gaulois, tirée des plus pures sources de l'Antiquité, par D. Jacq. Martin. *Paris, Saugrain, 1727, 2 vol. in-4. fig.*

1216 Histoire des François de Saint Grégoire de Tours, trad. par l'Abbé de Marolles. *Paris, Léonard, 1668, 2 vol. in-8.*

1217 Les Illustrations de Gaule & singularitez de Troye, par J. le Maire, avec la Couronne Margaritique, & plu-

fieurs autres Œuvres ; le tout revueu par Ant. du Moulin.
Lyon, *de Tournes*, 1549, *in-fol.*

1218 Antiquitez de la Gaule Belgique, Royaulme de France,
Auftrafie & Lorraine, par Richard de Waffebourg. *Paris*,
Giraud, 1549, *in-fol.*

1219 Épitome de l'Antiquité des Gaules & de France, par
Guil. du Bellay. *Paris*, *Sertenas*, 1556, *in-4.*

1220 La Gaule Françoife de Fr. Hotoman. *Cologne*, 1575,
in-12.

1221 Les Antiquitez & Hiftoires Gauloifes & Françoifes,
par Fauchet, avec le Recueil de l'origine de la Langue &
Poéfie Françoife, Ryme & Romans. *Genéve*, *Marceau*, &
Paris, *Patiffon*, 1581 & 1611, *in-4.*

1222 Traité des mœurs & façons des anciens Gaulois, trad.
du latin de la Ramée, par Mich. de Caftelnau. *Paris*,
Duval, 1581, *in-8.*

1223 Hiftoire de l'Eftat & Républiques des Druides, Eu-
bages, Sarronides, Bardes, Vacies, Gouverneurs des Pays
de la Gaule, depuis le déluge. *Paris*, *Parant*, 1585,
in-8.

1224 Les Obfervations de diverfes chofes remarquées fur
l'Eftat, Couronne & Peuple de France, tant anciennes que
modernes, par Regnault d'Orléans. *Vennes*, *Bourrelier*,
1597, *in-4.*

1225 Difcours hiftorique touchant l'Eftat général des Gaules,
par Aymar du Perier. *Lyon*, *Ancelin*, 1610. — Abrégé
de la Vie de Henry Augufte, quatriéme du nom, Roi de
France. *Paris*, *Eftienne*, 1619. — Le Clair-Voyant de
Fontainebleau, 1623. — Le Triomphe de la France, contre
les Antropophages de ce temps. — Les Etats tenus à la Gre-
nouilliere en 1623. — L'Arion. — Pafquil fatyrique du Duc
de ***, en vers. 1623, *in-8.*

1226 Hiftoire des Gaules, & conquêtes des Gaulois en Italie, Grece & Afie, par Ant. de Leftang. *Bourdeaux*,
Millange, 1618. — Recueil de divers Mémoires, Harangues, Remonftrances & Lettres fervans à l'Hiftoire de noftre
temps. *Paris*, *Chevalier*, 1623, *in-4.*

1227 Les recherches de la France, d'Eft. Pafquier, *Paris*,
Petit-pas, 1621, *in-fol.*

1228 Les Dynafties, ou Traité des anciens Rois des Gaulois
& des François, depuis le déluge jufques au Roi Mérouée,
par Jacq. Caffan. *Paris*, *le Roy*, 1621, *in-8.*

1229 L'Origine des François & de leur Empire, par Audi-
gier. *Paris*, *Barbin*, 1676, 2 *vol. in-12.*

1230 Antiquité de la Nation & de la Langue des Celtes, par D. Pezron. *Paris, Boudot,* 1703, *in-12.*

1231 Hiſtoire critique de l'établiſſement de la Monarchie Françoiſe dans les Gaules, par l'Abbé du Bos. *Paris, Didot,* 1742, *2 vol. in-4. v. f.*

1232 Des Antiquités de la Maiſon de France & des Maiſons Mérovingienne & Carlienne, par Gilbert Ch. le Gendre. *Paris, Briaſſon,* 1739, *in-4. v. f.*

1233 Mémoires hiſtoriques & critiques ſur divers points de l'Hiſtoire de France, par Fr. Eudes de Mézeray. *Amſt. Bernard,* 1732, *2 tomes en un vol. in-12.*

1234 Recueil de divers écrits pour ſervir d'éclairciſſemens à l'Hiſtoire de France, par l'Abbé le Beuf. *Paris, Barrois,* 1738, *2 vol. in-12.*

1235 Principes de Morale, de Politique & de Droit public puiſés dans l'Hiſtoire de notre Monarchie, ou Diſcours ſur l'Hiſtoire de France, par M. Moreau. *Paris, de l'Imprimerie Royale,* 1777, *6 vol. in-8. mar. r.*

Hiſtoire Générale de France.

1236 Plan de l'Hiſtoire générale & particuliere de la Monarchie Françoiſe, par l'Abbé Lenglet-Dufreſnoy. *Paris, Didot,* 1753, *3 vol. in-12.*

1237 Croniques de France, ou de Saint-Denis, depuis les Troyens juſqu'à la mort de Charles VII. *Paris, Paſquier, Bon-homme,* 1476, *3 vol. in-fol. mar. bl. édition très-rare & bien conſervée.*

1238 Le Rozier Hiſtorial de France. *Paris,* 1523, *in-fol. goth. fig.*

1239 La Mer des Croniques & Mirouer Hyſtorial de France, de Robert Gaguin, trad. du latin en fr. *Paris,* 1536, *in-fol. goth. v. f.*

1240 La grande Monarchie de France, par Cl. de Seyſſel, adreſſant au Roi la loi Salique. *Paris, Galliot du Pré,* 1541, *in.8.*

1241 Sommaire de l'Hiſtoire des François, de Nic. Vignier. *Paris, Nivelle,* 1579, *in-fol.*

1242 Hiſtoire générale des Rois de France, par Bern. de Girard du Haillan. *Paris, Petit-pas,* 1615, *2 vol. in-fol. gr. pap.*

1243 Recueil des Rois de France, leurs Couronnes & Maiſon, par J. du Tillet. *Paris, Mettayer,* 1618, *in-4.*

1244 Les Chroniques & Annales de France, par Nic. Gilles,

revues, corrigées & augmentées par F. de Belleforeſt. *Paris,
Chevalier*, 1621, *in-fol. gr. pap.*

1245 Hiſtoire, ou Recueil des Geſtes, Mœurs, Aages & Regnes
des Rois de France, leur Couronnement, Sépulture, &c.
par P. Aubert. *Paris, Chaſtelain*, 1622, *in-4.*

1246 Le Véritable Inventaire de l'Hiſtoire de France, par
J. de Serres. *Paris, Cotinet*, 1648, 2 *vol. in-fol.*

1247 Hiſtoire de France, depuis Pharamond juſqu'à la Paix
de Vervins, ſous Henri IV, en 1598, avec un abrégé de
la Vie des Reynes, les Portraits des Rois, Reynes & Dauphins, leurs Médailles, par Fr. Eudes de Mézeray. *Paris,
Guillemot*, 1643, 1646 & 1651, 3 *vol. in-fol.*

1248 Abrégé Chronologique de l'Hiſtoire de France, par
le même. *Paris, Billaine*, 1668, 4 *vol. in-4.*

1249 Hiſtoire de France, & l'origine de la Maiſon Royale,
par le P. Adrien Jourdan. *Paris, Cramoiſy*, 1679, 3 *vol.
in-4.*

1250 Hiſtoire de France, par de Cordemoy. *Paris, Coignard,*
1685, 2 *vol. in-fol.*

1251 Hiſtoire de l'origine & des progrès de la Monarchie
Françoiſe, par Guil. Marcel. *Paris, Thierry*, 1686, 4 *vol.
in-12. fig.*

1252 Abrégé de l'Hiſtoire de France, par Boſſuet. *Paris,
Deſaint*, 1747, 4 *vol. in-12.*

1253 Mémoires contenant ce qui s'eſt paſſé de plus mémorable en France, depuis l'eſtabliſſement de la Monarchie, par
de Saint-Remy. *La Haye, Foulque*, 1701, 2 *vol. in-12.*

1254 Abrégé Chronologique de l'Hiſtoire de France, par le
Comte de Boulainvilliers. *La Haye, Néaulme*, 1733, 3 *vol.
in-12. v. f.*

1255 Hiſtoire de France, depuis le commencement de la
Monarchie juſqu'à la mort de Louis XIII, par Louis le Gendre. *Paris, Robuſtel*, 1718, 3 *vol. in-fol.*

1256 Hiſtoire de France, par Cl. Châlons. *Paris, Mariette,*
1720, 3 *vol. in-12. v. f.*

1257 Annales de la Monarchie Françoiſe, depuis ſon établiſſement, par de Limiers. *Amſt. l'Honoré*, 1724, *in-fol.*

1258 Hiſtoire de France, depuis l'établiſſement de la Monarchie Françoiſe dans les Gaules, par le P. G. Daniel. *Paris,
Rollin*, 1729, 16 *vol. in-4.*

1259 La même, nouvelle édition, augmentée de notes, de
diſſertations, &c. par le P. Griffet. *Paris, Deſaint*, 1755,
17 *vol. in-4. gr. pap. v. f.*

1260 Hiſtoire de France, depuis l'établiſſement de la Monar-

L

chie, par l'Abbé Velly, Villaret & M. l'Abbé Garnier.
Paris, Nyon, 1770, *& années suivantes*, avec les Portraits & l'Atlas, 24 *vol. in-4. p. f.*

1261 La même Histoire de France. *Paris, Desaint,* 1757,
19 *vol. in-12. v. éc.*

1262 Abrégé chronologique de l'Histoire de France, par le
Président Hénault. *Paris, Prault,* 1744, *in 8. m. bl.*

1263 Le même Abrégé. *Paris, Prault,* 1749, 2 *vol. in-8.
m. r.*

1264 Nouvel Abrégé chronologique de l'Histoire de France,
par le Président Hénault, avec les figures de M. Cochin.
Paris, Prault, 1768, 2 *vol. in-4. br.*

1265 Tablettes anecdotes & historiques des Rois de France,
par M. Dreux du Radier. *Paris, Clément,* 1759, 3 *vol.
in-12. v. éc.*

1266 Les mêmes Tablettes historiques. *Paris, Duchesne,*
1766, 3 *vol. in-12.*

1267 Histoire des Révolutions de France, par de la Hode.
La Haye, Gosse, 1738, 4 *vol. in 12. v. f.*

1268 Abrégé chronologique des grands Fiefs de la Couronne.
Paris, Saillant, 1759, *in-8.*

1269 Abrégé chronologique & historique de l'Origine, du
Progrès & de l'État actuel de la Maison du Roy & de toutes
les troupes de France, par Simon Lamoral le Pippre de
Nœufville. *Liege, Kints,* 1734, 3 *vol. in-4.*

1270 Variations de la Monarchie françoise dans son Gouvernement, par M. Gautier de Sibert. *Paris, Saillant,* 1765,
4 *vol in-12.*

1271 Histoire de la véritable Origine de la troisiéme Race des
Rois de France, par le Duc d'Espernon, publiée par de
Prade. *Paris, Cramoisy,* 1680, *in-12.*

1272 Le Thrésor des Histoires de France, contenant les origines, dignités des Magistrats & Offices de France, par
Gilles Corrozet. *Paris, Corrozet,* 1613, *in-8.*

1273 Les Portraits des Rois de France, par Jacq. de Bie.
Paris, Camusat, 1636, *in fol.*

Histoire générale de France sous des Regnes particuliers.

1274 Les Mémorables Journées des François. *Paris, Besoi-
gne,* 1682, 2 *vol. in-12.*

1275 Histoire de Philippe de Valois & du Roy Jean, de
Charles V & Charles VI, par l'Abbé de Choisy. *Paris,
Barbin,* 1688 & 1695, 3 *vol. in-4.*

1276 Hiſtoire des neuf Roys Charles de France, par Fr. de Belle-Foreſt. *Paris, l'Huillier,* 1568, *in-fol.*

1277 Hiſtoires de Charles VI, par J. Juvenal des Urſins, — de Charles VII, par J. Chartier, — de Charles VIII, par Guil. de Jaligny, données & enrichies de pluſieurs titres, mémoires, &c. par Denys Godefroy. *Paris, de l'Imprimerie Royale,* 1653, 1661 *&* 1684, *3 vol. in-fol.*

1278 Hiſtoires de Louis XI, Charles VIII, Louis XII, François I, Henri II, Charles IX, Henri III, & des Révolutions arrivées dans l'Europe en matiere de Religion, par Varillas. *Paris, Barbin,* 1689, *11 vol. in-4.*

1279 Hiſtoire de France, depuis François I juſqu'à Louis XIII inclusivement, par P. Matthieu. *Paris, Sonnius,* 1631, *2 vol. in-fol.*

1280 Hiſtoire des Guerres civiles de France, trad. de l'Italien de Henri Caterin Davila, avec des notes, par l'Abbé Mallet. *Amſt. (Paris)* 1757, *3 vol. in-4.*

1281 Hiſtoire de France, ſous le regne des Rois Henry, & François II, Charles IX & Henry III, par Milles Piguerre. *Paris, Poupy,* 1582, *in-fol.*

1282 Hiſtoire de France, depuis l'an 1550, par de la Popeliniere. 1581, *2 vol. in-fol.*

1283 Les Mémoires de Michel de Caſtelnau, illuſtrés & augmentés, par J. le Laboureur. *Bruxelles, Léonard,* 1731, *3 vol. in-fol. v. f.*

1284 Jo. Labardæi de rebus Gallicis hiſtoriarum libri x, ab anno 1643 ad annum 1652. *Pariſiis, Thierry,* 1671, *in-4.*

1285 Hiſtoire de la Maiſon de Bourbon, par M. Deſormeaux. *Paris, de l'Imprimerie Royale,* 1772, *4 vol. in-4. v. éc.*

1286 Hiſtoire de la Maiſon de Montmorency, par le même. *Paris, Saillant,* 1764, *5 vol. in-12. v. éc.*

Hiſtoire particuliere des deux premieres Races.

1287 Auſtraſiæ Reges & Lotharingiæ Duces, Iconibus & hiſtoricis Epigrammatis ad vivum expreſſi, authore Nic. Clem. Trelæo. *Coloniæ,* 1619, *in-4.*

1288 Le Recueil ou Chroniques des Hiſtoires d'Auſtraſie ou France Orientale, de Hieruſalem, de Sicile, avec le Livre intitulé *l'Ordre de Chevalerie,* par Symphorien Champier. *Lyon, in-fol. goth. fig. Il y a quelques feuillets de la fin écrits à la main.*

1289 Hiſtoire du Regne de Charlemagne, par de la Brueret. *Paris, veuve Piſſot,* 1745, *2 tomes en un vol. in-12.*

1290 Discours historique concernant le mariage d'Ansbert &
de Blithilde, prétendue fille de Clotaire I, par L. Chan-
tereau le Febvre. *Paris, Vitré, 1647, in-4.*

1291 Le vrai Childebrand, ou Response au Traité injurieux
de Chifflet contre le Duc Childebrand, frere de Charles
Martel. *Paris, Lamy, 1649, in-4.*

*Histoire particuliere des Rois de France de la troisiéme Race
jusqu'à Louis XII.*

1292 L'Héritiere de Guyenne, par de Larrey. *Rotterdam,
Léers, 1691, in-12.*

1293 Histoire de Suger, Abbé de S. Denis, par D. Ger-
vaise. *Paris, Barrois, 1721, 3 vol. in-12. v. f.*

1294 Blanche, Infante de Castille, mere de S. Louis, par
Auteuil. *Paris, Courbé, 1644, in-4. m. r.*

1295 Histoire de S. Louis, par Jehan Sire de Joinville, les
Annales de son regne, par Guil. de Nangis, sa Vie &
ses Miracles, le tout publié par MM. Melot, Sallier &
Capperonnier. *Paris, de l'Imprimerie Royale, 1761, in-fol.*

1296 Histoire de Saint Louis, par J. Filleau de la Chaise.
Paris, Coignard, 1678, 2 vol. in-12.

1297 Les Etablissemens de Saint-Louis, par l'Abbé de Saint-
Martin. *Paris, Nyon, 1786, in-8. v. éc.*

1298 Histoire du différend d'entre le Pape Boniface VIII &
Philippe le Bel. *Paris, Cramoisy, 1655, in-fol.*

1299 Traitez concernant l'Histoire de France, sur la condamnation des Templiers, &c. par Dupuy. *Paris, Martin,
1654, in-4.*

1300 Histoire de Bertrand du Guesclin, par Cl. Menard.
Paris, Cramoisy, 1618, in-4.

1301 Histoire de Bertrand du Guesclin, par Paul Hay du
Chastelet. *Paris, de Sercy, 1666, in-fol.*

1302 Anciens Mémoires du quatorziéme Siécle, depuis peu
découverts, où l'on apprendra les aventures les plus sur-
prenantes de la Vie de Bertrand du Guesclin, trad. par
le Febvre. *Douay, Bellere, 1692, in-4.*

1303 Histoire de Jean de Bouccicaut, donnée par Théod.
Godefroy. *Paris, Pacard, 1620, in-4.*

1304 La Vie, Mort & Tombeau de Phil. de Strozzi. *Paris, le
Noir, 1608.* — Sommmaire de la Guerre faicte contre les
les Hérétiques Albigeois, par J. du Tillet. *Paris, 1590.*
— Représentation de la Noblesse Hérétique sur le Théâtre
de France, par Raynsant Déviezmaison. *Paris, Bichon,
1591, in-8.*

1305 Vie de Phil. Strozzi, trad. du Toscan, par M. Réquier. *Paris, Lambert,* 1762, *in-*12.

1306 Histoire de Charles VI, par un Bénédictin, trad. par J. le Laboureur. *Pares, Billaine,* 1663, 2 *vol. in-fol.*

1307 Histoire du Regne de Charles VI Roi de France, par Mademoiselle de Lussan. *Paris, Pissot,* 1753, 9 *vol. in* 12.

1308 Mémoires pour servir à l'Histoire de France & de Bourgogne, contenant un Journal de Paris sous les Regnes de Charles VI & de Charles VII. *Paris, Gandouin,* 1729, *in-*4. *mar. r.*

1309 Recueil de diverses pieces servant à l'Histoire de Charles VI, par Besse. *Paris, de Sommaville,* 1660, *in-*4.

1310 La Vie de Jean Comte d'Angoulesme, Aïeul de François I., par J. du Port. *Angoulême, de Minieres,* 1602, *in-*4.

1311 Histoire de la Vie, Faicts héroïques, & Voyages du Prince Louis III, Duc de Bourbon, arriere fils de Robert, Comte de Clermont. *Paris, Huby,* 1642, *in-*8.

1312 Histoire d'Artus III, Duc de Bretagne & Connestable de France, donnée par Théod. Godefroy. *Paris, Pacard,* 1622, *in-*4.

1313 Histoire de Charles VII, par Baudot de Juilly. *Paris, de Luyne,* 1697, 2 *vol. in* 12.

1314 Les Œuvres d'Alain Chartier, revues corrigées, par André du Chesne. *Paris, Thiboust,* 1617, *in-*4.

1315 Histoire de Jeanne d'Arc, Vierge, Héroïne & Martyre d'Etat, par l'Abbé Lenglet Dufresnoy. *Orléans, Couret,* 1753, 3 *vol. in-*12, *v. f.*

1316 Recueil de plusieurs inscriptions proposées pour remplir les Tables d'attente, estant sous les statues de Charles VII & de la Pucelle d'Orléans, & de diverses Poësies faites à la louange de la Pucelle. *Paris, Martin,* 1628, *in-*4.

1317 Histoire de Louis XI, par de Matthieu. *Paris, Guillemot,* 1610, *in fol.*

1318 Histoire de Louis XI, par Duclos. *Paris, Guérin,* 1745, 4 *vol. in* 12.

1319 Mémoires de Philippe de Comines, données par Godefroy. *Bruxelles, Foppens,* 1723, 5 *vol. in-*8. *v. f.*

1320 Les mêmes Mémoires de Philippe de Comines, nouv. édition, revue sur plusieurs Manuscrits, enrichie de notes, &c. par MM. Godefroy, augmentée par l'Abbé Lenglet du Fresnoy. *Paris, Rollin,* 1747, 4 *vol. in-*4 *gr. pap. v. f. avec les portraits.*

1321 Les Remonſtrances faites au Roi Loys XI, ſur les Privileges de l'Egliſe Gallicane, avec la forme & ordre de l'Aſſemblée des trois Eſtats tenuz en la Ville de Tours, ſous Charles VIII. *Paris, Sertenas*, 1561, *in-8.*

1322 Le Rozier des Guerres par le Roi Louis XI, mis en lumiere, par le ſieur d'Eſpagnet. *Paris, Buon*, 1616, *in-8.*

1323 Lettres de Louis XII, & du Cardinal d'Amboiſe. *Bruxelles*, 1712, 4 *vol. in-12. v. f.*

1324 Hiſtoire de la Ligue faite à Cambray, contre la République de Veniſe, par l'Abbé de Vertot. *Paris, Delaulne*, 1709, 2 *vol. in-12.*

1325 La Vie du Cardinal d'Amboiſe, par Louis le Gendre. *Rouen, Machuel*, 1724, *in-4.*

Hiſtoire particuliere des Regnes de François I & Henry II.

1326 Hiſtoire des choſes mémorables advenues du Regne de François I, par Robert de la Marck, Seigneur de Fleurange & Sedan. *in-fol. manuſc.*

1327 Le Siege de Metz, en 1552. *Paris, Eſtienne*, 1553, *in-4.*

1328 Le Siege de Metz en 1552. *Paris, Eſtienne*, 1553. — Diſcours des ſomptueuſes Funérailles de Henry le Grand, avec ſon Oraiſon funebre, par le P. J. Arnoux. *Tournon, Michel*, 1710. — Ludovici XIII, Triumphus de Ruppellâ captâ. *Pariſiis*, 1628. *in-4.*

1329 Hiſtoire de l'exécution de Cabrieres, de Merindol, & autres lieux de Provence, depuis l'an 1551 juſqu'en 1555. *Paris, Cramoiſy*, 1646, *in-4.* -

1330 Les Mémoires de Martin du Bellay. *Paris, l'Huillier*, 1572, *in-fol. v. f.*

1331 Les mêmes Mémoires de Martin & Guill. du Bellay-Langey, mis en nouveau ſtyle, auxquels on a joint les Mémoires de Fleuranges & le Journal de Louiſe de Savoye, avec des notes, par M. l'Abbé Lambert. *Paris, Prault*, 1753, 7 *vol. in-12. v. f.*

1332 Lettres & Mémoires d'Eſtat des Roys, Princes, Ambaſſadeurs, ſous les Regnes de François I, Henry II & François II, données par Guill. Ribier. *Paris, Clouzier*, 1666, 2 *vol. in-fol.*

1333 Vita Cl. & Fr. Primorum Guiſiæ Ducum, Papyrio Maſſono auctore. *Pariſiis, Delon*, 1615. — Les Vies de Jacq. & Ant. de Chabannes, par du Pleſſis. *Paris, Libert*, 1617, *in-8, v. f.*

1334 Histoire du Chevalier Bayard, par Théod. Godefroy. *Paris, Pacard,* 1619, *in-4.*

1335 La même, par le Prieur de Lonval. *Paris, Boudot,* 1714, *in-12.*

1336 Histoire & Regne de Henri II, par l'Abbé Lambert. *Paris, Bauche,* 1755, 2 *vol. in-12.*

1337 Discours merveilleux de la vie, actions & déportemens de Catherine de Médicis. 1649, *in-8.*

1338 Commentaires sur le faict des dernieres Guerres en la Gaule Belgique, entre Henri II & Charles V, par Fr. de Rabutin. *Paris, Vascosan,* 1555, *in-4.*

1339 Commentaires de l'Estat de la Religion & République, sous les Rois Henry & François II, & Charles IX, par P. de la Place. 1565, *in-8.*

1340 Recueil des choses mémorables avenues en France, sous les Regnes de Henri II, François II, Charles IX, Henri III & Henri IV. *Heden,* 1603, *in-8. m. r.*

1341 Histoire générale des Guerres de Piemont, Savoye, Montferrat, Mantoue & Duché de Milan, commençant aux Mémoires du S. de Villars, depuis l'année 1550, jusqu'en 1562. *Paris, Guignard,* 1630, 2 *vol. in-8.*

1342 Commentaires de Blaize de Montluc. *Paris, de Sercy,* 1661, 2 *vol. in-12.*

1343 Mémoires de la vie de Fr. de Scepeaux de Vieilleville, par Vincent Carloix. *Paris, Guérin,* 1757, 5 *vol. in-8. v. f.*

1344 Apologie de Marus Equicolus. *Paris, Bonfon,* 1550. — Le Sacre & Couronnement du Roy de France. *Rheims, de Foigny,* 1575. — Les Statuts de l'Oratoire Nostre Dame de Vie-Sainte, institués par Henri III. *Paris, Mettayer,* 1586, *in-8. v. m.*

Histoire particuliere des Regnes de François II & Charles IX.

1345 Histoire de l'Estat de France, tant de la République, que de la Religion, sous le regne de François II, par de la Planche. 1576, *in-8.*

1345 * Recueil des choses mémorables faites & passées pour le fait de la Religion & Estat de ce Royaume, depuis la mort de Henri II, jusqu'au commencement des troubles en 1665, (Mémoires de Condé) 1565. *Strasbourg, Estiard,* 1566, 3 *vol. in-12.*

1346 Les Mémoires de Condé, édition augmentée de plusieurs pieces, avec des notes historiques par Denys Fr. Secousse.

& d'un supplément qui contient la légende du Cardinal de
Lorraine, de D. Cl. de Guise, l'Apologie & le Procès de J.
Châtel, &c. par l'Abbé Lenglet du Fresnoy. *Paris*, 1743,
6 *vol. in-4. gr. pap.*

1346 * Recueil de toutes les choses mémorables advenues,
tant de par le Roy, que de par le Prince de Condé, depuis
1567, jusques à présent. 1568, *in-8.*

1347 Histoire de la vie & faits de Louis de Bourbon, surnom-
mé le Bon, par Nic. Coustureau, augmentée par du Bouchet. *Rouen, Cailloué*, 1645, *in-4.*

1348 Histoire du Maréchal de Matignon, par de Cailliere.
Paris, Courbé, 1661, *in fol.*

1349 États tenus à Fontainebleau en 1560. — États tenus à
Orléans en 1560. *in fol. manusc.*

1350 Anecdotes du seiziéme siécle, ou Intrigues de Cour
politiques & galantes, avec les portraits de Charles IX,
Henri III & Henri IV. *Amst.* 1741, *2 vol. in-12. v. f.*

1351 Recueil & Discours du Voyage du Roy Charles IX en
Champaigne, Bourgoigne, Daulphiné, Provence, Languedoc, &c. par Abel Jovan. *Paris, Bonfons*, 1566,
in-8.

1352 Lo Stratagema di Carlo IX contro gli Ugonotti rebelli
di Dio & Suoi, da Cam. Capilupi, avec la Traduction françoise. 1584. — Du Droit des Magistrats sur leurs subjets,
publié par ceux de Magdebourg. 1574, *in-8.*

1353 Mémoires de l'Estat de France sous Charles IX. *Meidel-
bourg, Wolf*, 1679, 3 *vol. in-8.*

1354 Mémoires des Troubles arrivés en France, sous les
Regnes de Charles IX, Henri III & Henri IV, par Ville-
gomblain. *Paris, Billaine*, 1667, *2 vol. in-12. v. f.*

1355 Remonstrance à la Royne, mere du Roy, par ceux qui
sont persécutez pour la parole de Dieu. 1561, *in-8.*

1356 Discours sur le saccagement des Eglises catholiques par
les Hérétiques en 1562, par F. Claude de Sainctes. *Paris,
Frémy*, 1562. — Traité de l'Origine, Progrès & Excellence du Royaume & Monarchie des François, par Ch. du
Molin. *Paris*, 1561, *in-8.*

1357 Du grand & loyal Devoir, Fidélité & Obéissance de
Messieurs de Paris envers le Roy & Couronne de France.
1565, *in-8.*

1358 Le Siege de Poictiers, par Liberge. *Poictiers, Boisa-
teau*, 1570, *in-4.*

1359 Histoire de nostre temps, contenant un Recueil de choses
mémorables passées & publiées pour le faict de la Religion &
Estat

Eftat de la France, depuis l'Edict de Pacification de 1568, jufques au jour préfent. 1571, *in-8*.

1360 Des Troubles & différens advenans entre les hommes par la diverfité des Religions, par **L.** le Roy. *Paris*, *Morel*, 1567. — Les Remonftrances faites en 1574 au Roy Henry III par le Duc de Nivernois. — Déclaration & Proteftation du Roy de Navarre & du Prince de Condé fur la Paix faite avec ceux de la Maifon de Lorraine. *Ortès*. — Remonftrances des Catholiques pacifiques pour la Paix, 1585 — Advertiffement fur l'Intention & But de ceux de la Maifon de Guife en la prife d'armes, 1585. — Traité du Concile, 1590. — Articles accordez & jurez en l'Affemblée des États de Languedoc. *Lyon*, 1590, & autres Piéces du temps de Henry IV, *en 4 vol. in-8*.

1361 Exhortation aux François pour vivre en concorde & jouir du bien de la paix, & les Monarchiques de Louis le Roy. *Paris*, *Morel*, 1570. — Martialis Campani Monodia tragica. *Parifiis*, 1576. — Hiftoire tragique & miraculeufe d'un vol & affaffinat commis en la perfonne de Martial Defchamps. *Ibid*. — Bulle de notre Saint Pere le Pape Sixte V, contenant permiffion accordée au Clergé de France d'aliéner du bien temporel des Eccléfiaftiques pour fubvenir aux frais de la guerre. 1586, *in-8. v. m.*

1362 Mémoires de la troifiéme guerre civile & des derniers troubles de France. 1571, *in-8*.

1363 Original des troubles de ce temps, difcourant des Princes de l'ancienne & illuftre famille de Luxembourg, & de leurs alliances généalogiques. *Nantes*, 1592, *in-4*.

1364 Mémoires du Chancelier de l'Hofpital. *Cologne*, 1672, *in-12*.

1365 Vie de Michel de l'Hofpital, Chancelier de France, par de Pouilly. *Paris*, *Debure*, 1764, *in-12*.

1366 Mémoires de Gafpard de Coligny, Seigneur de Chaftillon. *Paris*, *Mauger*, 1665, *in-12*.

1367 La Vie du même Gafpard de Coligny, Seigneur de Chaftillon. *Cologne*, *Marteau*, 1686, *in-12*.

1368 Mémoires de Gafpard de Saulx de Tavannes. *in fol. le titre manq.*

1369 La Vie de Franç. de la Noue, par Moyfe Amirault. *Leyde*, *Elzevier*, 1661, *in-4*.

Hiftoire particuliere des Regnes de Henri III & Henri IV.

1370 Journal des chofes mémorables advenues durant le regne
M

de Henry III, par P. de l'Etoile, avec les notes de le Duchat. *Cologne, Marteau*, 3 *vol. in-*8. *fig. v. f.*

1371 Mémoires très-particuliers, pour servir à l'Histoire de Henry III & d'Henry IV. *Paris, Thierry,* 1667, *in-*12. *v. f.*

1372 Mémoires pour servir à l'Histoire de France, par P. de l'Etoile. *Cologne, Demen,* 1719, 2 *vol. in-*8. *v. f.*

1373 Recueil de Mémoires & Instructions servans à l'Histoire de France. *Paris, Bouillerot,* 1626, *in* 4.

1374 Lettre du Roy pour assembler les Députés en sa Ville de Molin, & autres Lettres de Henry III. *Lyon,* 1561. — Déclaration faicte par le Roy en sa Cour de Parlement touchant l'exécution faicte en la personne de Gaspard de Coligny, *manusc.* — Défense pour de Monluc, Evéque de Valence. *Paris,* 1575. — Le Bouclier de la Réunion des vrais Catholiques François, contre les artifices du Béarnois, par Cl. de Rubys. *Paris,* 1589. — Les Propos lamentables de Henry de Valois, tirez de sa confession. *Paris,* 1589, *in* 8. *v. m.*

1375 Panégyrique de l'Henoticon, ou Edict de Henry III, sur la réunion de ses subjets à l'Eglise Catholique, par Honoré de Laurens. 1588. *in-*8.

1376 De Justa Henrici tertii abdicatione è Francorum regno libri IV. *Parisiis, Nivellius,* 1589, *in-*8.

1377 Recueil des choses les plus mémorables advenues sous la Ligue. 1587 & 1589, 2 *vol. in-*8.

1378 Les Mémoires de la Ligue. 1602, 6 *vol. in-*8. *v. f.*

1379 Mémoires de la Ligue, nouvelle édition revue, corrigée & augmentée de notes. *Amst.* (*Paris*), 1758, 6 *vol. in-*4. *v. éc.*

1380 L'Esprit de la Ligue, par M. Anquetil. *Paris, Hérissant,* 1767, 3 *vol. in-*12. *v. éc.*

1381 Articles de la Saincte Union des Catholiques François. 1588. — Replique pour le Catholique Anglois, contre le Catholique associé des Huguenots, par Louis d'Orléans. *Idem.* — Remonstrances au Roy de France, Henri III, par par un sien fidelle Officier, sur les miseres de ce Royaume, par Nic. Rolland. 1688. — Sommaire des raisons qui ont mené les François Catholiques de recognoistre nostre Roy Charles X. *Paris, Thierry,* 1589. — Avertissement au Roy Charles de Bourbon, Dixieme de ce nom, avec une remonstrance aux Prélats de France, sur l'extréme misere de ce temps, par Jacq. Baron, en latin & en françois. *Paris, Plumion,* 1589, *in-*8. *v. f.*

1382 Satyre Menippée de la vertu du Catholicon d'Espagne & de la tenue des Etats de Paris. *Ratisbonne*, *Kerner*, 1711, 3 *vol. in-8. fig.*

1383 Lettres de Paul de Foix au Roi Henry III. *Paris*, *Chappellain*, 1628, *in-4. v. f.*

1384 De l'estat & succès des affaires de F.ance, par Bern. de Girard du Haillan. *Paris*, *Mettayer*, 1594, *in-8.*

1385 Le Tocsain contre les Massacreurs & Auteurs des confusions en France. *Reims*, *Martin*, 1577, *in-8. v. f.*

1386 La Légende de Charles Cardinal de Lorraine & de ses freres. *Reims*, *Martin*, 1576. — La Légende de D. Claude de Guise. 1581, *in-8.*

1387 Le Martyre des deux Freres. 1589. — Proposition faicte par le Pape sur le sacrilege & assassinat commis en la personne du Cardinal de Guyse. 1588. — de l'excommunication & censures Ecéléfiastiques, encourues par Henri de Valois, pour l'assassinat du Cardinal & du Duc de Guyse. *Paris*, 1589. — Les cruautez sanguinaires exercées envers le Cardinal de Guyse. — Les Regrets & Lamentations faites par Madame de Guyse sur le trépas de son Epoux. — Les Sorcelleries de Henry de Valois & les Oblations qu'il faisoit au Diable dans le Bois de Vincennes avec la figure des Démons. 1589. — Difcours d'un Polonois Catholique, sur la fuyte de Henry de Valois hors du Royaume de Pologne. *Paris*. 1589. — Difcours de la fuyte des Imposteurs Italiens. *Ibid.* — Signes merveilleux apparuz sur la Ville de Bloys en la présence du Roy. *Ibid.* — Bref Difcours sur la mort du Cardinal de Lorraine. *Paris*, *in-8.*

1388 Regret sur le décès du Duc de Guise, avec la complainte en vers. 1563. — Recueil des derniers propos du Duc de Guise à la Duchesse sa femme, à son fils. — Mémoire lamentable sur le trépas du Duc de Guise. 1563. — Le *De profundis* chanté par la France à la mort du Duc de Guise, en vers. 1563. — Histoire entiere & véritable du procès de Charles Stuart. 1650. — Apocalypfis infignium aliquot Hæresiarcharum. *Lugd. Batav.* 1608, *in-8. fig.*

1389 Car. Lotharingi Card. & Fr. Ducis Guisii Litteræ & arma in funebri oratione habita Nancii à N. Bocherio, avec la trad. franç. *Lutetiæ*, 1577. — Sermon fait & prononcé par Ch. Cardinal de Lorraine à Rheims en 1573. *Rheims*, *de Foigny*, 1579, *in-4.*

1390 Le Miroir des François, contenant l'estat & maniement des affaires de la France, tant de la Justice que de la Police, avec le Réglement requis par les trois Estats, pour la pacification des troubles, abolition des tailles, &c. par Nic. de Montand. 1587, *in-8.*

1391 Matagonis de Matagonibus monitoriale adversus Italo Galliam, sire anti Franco Galliam, Ant. Matharelli. 1578, *in 8.*

1392 Le Reveille-matin des François & de leurs voisins, par Eusebe Philadelphe. *Edimbourg*, 1574, *in 8.*

1393 Histoire & vray Discours des Guerres civiles ès pays de Poictou, Aulnis, Xaintonge & Angoumois, depuis 1574 jusqu'en 1576, par P. Brisson. *Paris*, *Dupuis*, 1578, *in 8.*

1394 Discours de la déconfiture des Publicains, par les Capitaines de l'armée du Duc de Montpensier., par Guil. Doguet. *Paris*, *Dailler.* — La défaitte des Reistres, par le Duc de Guise. *Paris*, *Dupré*, 1575. — Petri Carpentarii pium & christianum de armis consilium. 1575. — Discours de la divine élection du Très-Chrétien, Roy de France & de Navarre. *Tours*, *Mettayer*, 1590. — Discours sur l'Estat de la France. 1591, *in-8. v. m.*

1395 Négociations de la Paix, ès mois d'Avril & May 1575, contenant la requeste & articles presentez au Roy, par le Prince de Condé, le Maréchal de Danville, &c. 1576, *in 8.*

1396 Dialogue du Royaume. *Paris*, *Millot*, 1589. — L'Atheisme de Henry de Valois. *Paris*, 1589. — Reglement faict par le Duc de Mayenne & le Conseil général de l'Union. *Paris*, 1589. — Le Théâtre de France. *Ibid. in-8.*

1397 La Légende de J. Poisle; avec son Factum. 1576. Advertissement & discours des chefs d'accusation & points principaux du Procès criminel fait à J. Poisle, Conseiller au Parlement. 1582, *in-8. v. m.*

1398 Brief & véritable discours de la guerre & siege de la Ville & Chasteau de Jamets. 1590, *in-8.*

1399 Histoire du Cardinal Duc de Joyeuse, par Aubery. *Paris*, *Denain*, 1654, *in 4.*

1400 Discours de la vie & faits héroïques de M. de la Vallette, Amiral de France, par de Mauroy. *Metz*, *Brecquin*, 1624, *in-4.*

1401 Histoire de la vie du Duc d'Espernon, par Girard. *Paris*, *Courbé*, 1655, *in fol.*

1402 La même Histoire de la vie du Duc d'Espernon, par Girard. *Paris*, *Billaine*, 1663, 3 *vol. in-12.*

1403 Histoire de Henry de la Tour d'Auvergne, Duc de Bouillon, par Marsollier. *Paris*, *Barrois*, 1719, 3 *vol. in 12.*

1404 Histoire de la vie du Connestable de Lesdiguieres, par
L. Videl. *Paris*, *Rocolet*, 1638, *in-fol.*

1405 Mémoires de Louis Gonzague, Prince de Mantoue,
Duc de Nevers. *Paris*, *Billaine*, 1665, 2 *vol. in fol.*

1406 Mémoire d'Etat, par de Villeroy. *Amst.* (*Trévoux*),
1725, 7 *vol. in 12. v. f.*

1407 Mémoires de Philippe Hurault, Comte de Chiverny.
La Haye, *Johnson*, 1720, 2 *vol. in-12.*

1408 Le Cabinet du Roi de France, dans lequel il y a trois
perles précieuses d'inestimable valeur, par N. Froumenteau.
1581 *in 8. v. m.*

1409 Le secret des thrésors de France, descouvert par N.
Froumenteau. 1581, *in-16.*

1410 Journal du Regne de Henri IV, par P. de l'Estoile.
1732, 4 *vol. in-8. v. f.*

1411 Histoire de la vie de Henri IV, par M. de Bury. *Paris*,
Saillant, 1766, 4 *vol. in-12. fig.*

1412 Labyrinthe Royal de l'Hercule Gaulois triomphant ;
sur le sujet des fortunes, Batailles, Victoires, Triomphes,
Mariages, &c. de Henry IV, représenté à l'entrée triomphante de la Royne, en la Cité d'Avignon, l'an 1600. *Avignon*, *Bramereau*. — Nic. Bertrandi opus de Tholosano-
rum gestis. *Tolose*, 1515, *in-4. fig.*

1413 Panégyrique de Henri le Grand, ou Eloge historique
de Henri IV. *Paris*, *Prault*, 1769, *in-12.*

1414 La premiere Partie du grand Roy Amoureux, par P.
de Saincte Gemme. *Lyon*, *Carret*, 1603, *in-12. v. m.*

1415 Lettres de Henry IV & de MM. de Villeroy & de
Puysieux à Ant. de la Boderie. *Amst.* 1733, 2 *vol. in-8.*

1416 Mémoires de Marguerite de Valois, Reine de France
& de Navarre. *Liege*, *Broncart*, 1713, *in-8.*

1417 Histoire de la Reine Marguerite de Valois, premiere
femme du Roi Henri IV, par M. A. Mongez. *Paris*,
Ruault, 1777, *in-8.*

1418 Vie de Marie de Médicis. *Paris*, *Ruault*, 1774,
3 *vol. in-8.*

1419 Mémoires des sages & royales œconomies d'Estat, de
Henry le Grand, par Maximilien de Bethune Duc de
Sully. *Amst. W. Verds, & Paris, Courbé*, 1663, 4 *tom.*
en 3 *vol. in-fol. mar. r.*

1420 Les mêmes. *Amst.* (*Trévoux*), 1725, 12 *vol. in-12.
v. f.*

1421 Mémoires de Maximilien de Bethune, Duc de Sully,
remis dans un nouvel ordre & un meilleur style, avec des

remarques par l'Abbé de l'Ecluſe. *Londres*, (*Paris*), 1745, 3 *vol. in-4. avec les portraits d'Odieuvre.*

1422 Lettres du Cardinal d'Oſſat, avec des notes, par Amelot de la Houſſaye. *Amſt.* 1714, 5 *vol. in-12.*

1423 Les Ambaſſades & Négociations du Cardinal du Perron. *Paris, Eſtienne,* 1629, *in fol.*

1424 Lettres & Ambaſſade de Phil. Canaye. *Paris, Richer,* 1635, 3 *vol. in fol.*

1425 Mémoires de Philippes de Mornay, avec ſa vie. 1624, & *Amſt. Elzevier,* 1652, 5 *vol, in-4.*

1426 Mémoires pour ſervir à l'Hiſtoire, tirez du Cabinet de Léon du Chaſtelier-Barlot, depuis l'an 1596, juſqu'en 1636. *Fontenay, Petit-Jean,* 1643, *in-4.*

1427 Les Aventures du Baron de Fœneſte, par Théod. Agrippa d'Aubigné. *Amſt.* 1731, 2 *tomes en un vol. in-12. v. f.*

1428 Mémoires de la Vie de Théod. Agrippa d'Aubigné. *Amſt. Bernard,* 1731, 2 *tomes en un vol. in-12. v. f.*

1429 Mémoires de Bellievre & de Sillery. *La Haye, Moetjens,* 1696, 2 *vol. in-12. v. f.*

1430 Chronologie novenaire, ou Hiſtoire de la Guerre ſous Henri IV, depuis l'an 1589, juſques & compris 1598, par P. Victor Palma Cayet. *Paris, Richer,* 1608, 3 *vol. in-8.*

1431 Chronologie ſeptenaire, ou l'Hiſtoire de la Paix entre les Rois de France & d'Eſpagne, depuis 1598, juſqu'en 1604, par le même Cayet. *Paris, Richer,* 1613, *in-8.*

1432 Le Mercure françois, ou ſuite de l'Hiſtoire de la Paix, commençant l'an 1605, & finiſſant en 1644. *Paris, Richer,* 1613, 25 *vol. in 8.*

1433 Ludovici d'Orléans pro hæreticâ perfidiâ Turonenſibus Expoſtulatio. *Lutetiæ, Morellus,* 1593, *in-8.*

1434 Remerciment au Roy, par L. d'Orléans. *Paris, Chaudiere,* 1604, *in-8. v. f.*

1435 Apologie pour J. Chaſtel, par Fr. de Verone (J. Boucher.) 1595, *in-8. v. f. bonne édition.*

1436 Brutum Fulmen Papæ Sixti V, adverſùs Regem Navarræ & Henricum Borbonium Principem Condæum. *in-8.*

1437 Moyens d'Abus, Entrepriſes & Nullités du Reſcrit & Bulle de Sixte V contre Henry de Bourbon, Roy de Navarre, & Henry de Bourbon, Prince de Condé, par un Catholique, Apoſtolique, Romain, mais bon François. *Coloigne, Jobin,* 1586, *in-8.*

1438 Aviſo piacevole dato alla bella Italia, da un nobile Giovahe Franceſe, ſopra la mentita data dal ſereniſſimo Re di

Navarra a Papa Sisto V. *Monaco, Swartz*, 1586, *in-4.*
rare.

1439 Philippiques contre les Bulles & autres pratiques de la
faction d'Espagne. *Tours, Mettayer*, 1592, *in8. v. m.*

1440 Sermons de la simulée Conversion & Nullité de la prétendue Absolution de Henri de Bourbon, par J. Boucher.
1594, *in-8.*

1441 Cinq Sermons du P. Porthaise, esquels est traicté, tant
de la simulée Conversion du Roy de Navarre, que du Droict
de l'Absolution Ecclésiastique. *Paris, Bichon*, 1594. —
Articles & Propositions lesquelles le Roy a voulu estre délibé-
rées par les Princes & Officiers de la Couronne, en 1583,
1584, *in-8.*

1442 Le Banquet & Après-dinée du Comte d'Arete, où il se
traite de la Dissimulation du Roy de Navarre, & des Mœurs
de ses Partisans, par d'Orléans. 1594, *in-8. v. f.*

1443 Le Miroir des Rebelles, traictant de l'Excellence de la
Majesté Royale & de la Punition de ceux qui se sont eslevés
contre icelle, par Dan. Drouin. *Tours, de Montroéil*,
1592, *in-8. v. m.*

1444 L'Anti-Pseudo-Pacifique, ou Censeur François, par Baril-
liere. *Paris.* — Le Politique François. *Rouen*, 1604. — Discours faict au Roy par Mathault, n'a guieres venu de Paradis. 1605, *in-12.*

1445 Le Recueil des excellens & libres Discours sur l'Estat
présent de la France, 1606. — Apologie d'André Maillart,
1588. — Le Francophyle, 1606. — La Fulminante, pour le
Roy Henry III contre Sixte V. 1606, *in-12. v. m.*

1446 Censure d'un Livret en forme de Dialogue, soubs les
noms de Manant & de Maheutre. *Paris*, 1594. — Le Re-
merciment des Catholiques unis, faict à la déclaration & pro-
testation du Roy de Navarre, 1589. — Bulle de N. S. P.
Pape, Sixte V, contre Henry de Valois. *Paris*, 1589. —
La même en latin. — Le bon François, ou de la Foy des
Gaulois, trad. du latin de Michel du Rit. *ibid.* 1689. —
Épitaphes des deux Freres Martyrs. *Paris*, 1589. —Les
Plaintes & Doléances du Prince de Joinville, 1589. —
Discours véritable de l'estrange & subitte mort de Henry de
Valois, 1589. — Articles de la saincte Union des Catholi-
ques François. 1588. — L'Oraison du Cardinal de Lorraine,
faicte en l'Assemblée de Poyssi. *Paris*, 1571. & autres pieces.
in-8.

1447 Discours du Siége de la Ville de Rouen, en 1591.
Rouen, l'Allemant, in-8.

1448 La Retraite du Prince de Condé, trad. du Cardinal de Bentivoglio, *in-4. manusc.*

1449 Le Soldat François, par P. l'Hostal, 1605. — Le Supplément du Catholicon, ou Nouvelles des Régions de la Lune, 1624, *in-12.*

1450 Le Capitaine au Soldat François. 1604. — La Response de Maître Guillaume au Soldat François, 1605, & autres pieces à ce sujet, *in-12.*

1451 Le Cavalier de Savoye, ou Responce au Soldat François, par Marc Ant. de Buttet, 1607. — Le Soldat Navarrois, *in-12.*

1452 Le Paysan François, 1609, *in-8.*

1453 Lettres latines de Bongars, traduites en françois. *Paris, le Petit,* 1668, 2 *vol. in-12.*

1454 L'Anti - Hermaphrodite, ou le Secret tant desiré de beaucoup, de l'advis proposé au Roy, pour réparer par un bel ordre & légitime moyen, tous les Désordres, Impiétés, Injustices, Abus, &c. qui sont en ce Royaume, & ce, par la disposition des jours divers de deux semaines. *Paris, Berjon,* 1606, *in-8. v. m.*

Histoire particuliere du Regne de Louis XIII.

1455 Mémoires pour servir à l'Histoire d'Anne d'Autriche, par Madame de Motteville. *Amst. Changuyon,* 1723, 5 *vol. in-12.*

1456 Histoire de Louis XIII, par Ch. Bernard. *Paris, de Sercy,* 1646, *in-fol.*

1457 Histoire du Regne de Louis XIII, par Michel le Vassor. *Amst. Brunel,* 16 *tomes en* 18 *vol. in* 12.

1458 Histoire Militaire du regne de Louis le Juste, par M. Ray de Saint-Geniés. *Paris, Durand,* 1755, 2 *tomes en un vol. in-12. m. bl.*

1459 Histoire de la Vie de Louis XIII, par M. de Bury. *Paris, Saillant,* 1768, 2 *vol. in-12.*

1460 Les Triomphes de Louis le Juste, par J. Valdor. *Paris, Estienne,* 1749, *in-fol. fig.*

1461 Codicilles de Louis XIII, adressés à son très-cher Fils aîné & successeur. 1643, 2 *vol. in-16.*

1462 Histoire de la Mere & du Fils, Marie de Médicis & Louis XIII, par Fr. Eudes de Mezeray. *Amst. le Cene,* 1731, 2 *vol. in-12.*

1463 Diverses Pieces pour la Défence de la Royne Mere de Louis XIII, par Mat. de Morgues. *in-fol.*

1464

1464 Mémoires concernant les affaires de France fous la Régence de Marie de Médicis. *La Haye*, *Jonhfon*, 1720,
2 *vol. in*-12.

1465 Les Larmes & Regrets du Soldat François fur le trépas
de Henry le Grand. *Paris*, *in*-8. *m. r.*

1466 La Plainte humaine fur le trépas de Henry le Grand,
par L. Dorléans. *Paris*, *Huby*, 1612, *in* 8.

1467 La Navarre en deuil, par de l'Oftal. *Ortes*, *Rovier*,
1610. — Relation de ce qui s'eft paffé au fecond voyage
du Roy. *Paris*, *Cramoify*, 1622. — Confolation envoyée
à la Royne mere, fur la mort déplorable de Henry IV, par
L. Richeome. *Lyon*, *Rigaud*, 1610. *in*-8. *v. m.*

1468 Recueil de Pieces du temps de Louis XIII, dont Martin l'Afne aux Parifiens. — Bibliotheque imaginaire de Li-
vrets. — Les Mânes de Henry le Grand. — La Chemife
fanglante de Henry le Grand, &c. 5 *vol. in*-8.

1469 Inventaire général des Affaires de France, contenant les
Guerres & émotions civiles du Royaume, depuis la mort de
Henry le Grand, par d'Autreville. *Paris*, *Tiffaine*, 1620,
in-8. *v. m.*

1470 Hiftoire mémorable de ce qui s'eft paffé, tant en France
qu'aux Pays eftrangers, depuis 1610 jufqu'en 1629, par P.
Boitel. *Rouen*, *Befongne*, 1619, *in*-8.

1471 Harangues prononcées devant le Roy à l'ouverture des
Eftats Généraux tenus à Paris en 1614. — A Meffieurs des
Eftats. — Le Financier à Meffieurs des États. — Manifefte
des États Généraux. — Lettre du Courier de l'autre monde.
Le Courier Picard. — Foucade aux États. — Cahiers des
États, & autres Pieces fur le même fujet. *in*-8.

1472 Les Révélations de l'Hermite folitaire fur l'Eftat de la
France. *Paris*, *du Bray*, 1617. *fig.* — La Reigle & Conf-
titution des Chevaliers de l'Ordre de la Magdeleine. *ibid.*
in-8. *v. m.*

1473 Apologie pour Leurs Majeftés. *Paris*, 1616. — Relation journaliere de tout ce qui s'eft fait & paffé en France,
depuis le départ du Roy en 1622 jufqu'à préfent. *Paris*,
Bouillerot, 1622. — Tableau hiftorique des Faits héroïques du Maréchal de Lefdiguieres. *Paris*. — Ordonnance
de la derniere volonté du Cardinal Duc de Richelieu. *in*-8.
v. m.

1474 La Conjuration de Conchine, & autres Pieces fur le
Maréchal d'Ancre. *Paris*, 1618, *in*-8. *v. m.*

1475 Recueil des Pieces les plus curieufes, faites pendant le
regne du Conneftable de Luynes. 1632, *in*-8.

N

1476 L'Anti-Réforme. — Le Cocq-à-l'afne, ou Pot aux rofes defcouvert. — Anti-Tablettes contemplatives envoyées aux Dames de la Cour. — Le Retour du Voyage de Madame Guillaume de l'autre Monde. — Dialogue du curieux Éraclite. — Le Deffert du Synode de Charenton. — Le Mort qui court les rues. — Effroyables pactions faictes entre le Diable & les prétendus Invifibles, &c. 1623, *in-8.*

1477 Hiftoire du Cardinal Duc de Richelieu, par Aubery. *Paris, Bertier, 1660, in-fol.*

1478 La même Hiftoire du Cardinal Duc de Richelieu, par le même. *Cologne, Marteau, 1666, 2 vol. in-12. v. f.*

1479 Mémoires pour l'Hiftoire du Cardinal Duc de Richelieu, par le même. *Cologne, Marteau, 1667, 5 vol. in-12. v. f.*

1480 Hiftoire du Miniftere d'Armand J. du Pleffis, Cardinal Duc de Richelieu. *Amft. Wolfganck, 1664, 3 vol. in-12.*

1481 La Vie du Cardinal Duc de Richelieu, par le Clerc. *Amft. (Rouen), 1724, 3 vol. in-12.*

1482 Journal du Cardinal Duc de Richelieu. *Paris, 1665, 2 vol. in-12.*

1483 Recueil de plufieurs pieces concernant les affaires, pendant le Miniftere du Cardinal de Richelieu. *in-8.*

1484 Anecdotes du Miniftere du Cardinal de Richelieu. *Amft. 1716, 2 vol. in-12.*

1485 Lettres du Cardinal Duc de Richelieu. *Paris, Cramoify, 1696, 2 vol. in-12.*

1486 Lettres du Cardinal Alfonfe de Richelieu, Archevêque de Lyon, *in-4. manufc.*

1487 Teftament politique du Cardinal Duc de Richelieu. *Paris, le Breton, 1764, 2 vol. in-8. pap. fin, m. r.*

1488 Parallele du Cardinal de Richelieu & du Cardinal Mazarin, & du Cardinal Ximenès, par l'Abbé Richard. *Paris, Cailleau, 1705 & 1716, 2 vol. in-12.*

1489 Lettre du fieur de Cléaux fur la généalogie du Cardinal de Richelieu. *Paris, 1627.* — La Lettre déchiffrée touchant la naiffance, vie & mœurs du Cardinal de Richelieu. *Paris, 1626.* — Le Roy du Roy contre le Cardinal, & autres piéces, *in-8. v. m.*

1490 Mémoires de Montchal, Archevêqne de Touloufe, contenant des particularités de la vie & du Miniftere du Cardinal de Richelieu. *Rotterdam, Fritfch, 1718, 2 vol. in-12. v. f.*

1491 Le véritable Pere Jofeph, Capucin, nommé au Cardinalat. *Saint Jean de Maurienne, 1704, in-12.*

1492 Histoire des Diables de Loudun. *Amst. Roger*, 1716, *in*-12. *v. f.*

1493 Mémoires du Duc de Rohan. *Amst.* 1691, *in*-12.

1494 Lettres d'un Solitaire au Roy, Princes, faisans la guerre aux Rebelles, par le P. André Chavineau. *Poictiers, Mesnier*, 1628. — Relation de ce qui s'est passé en Italie en 1630. *Paris*, 1631. — Ludovici XIII Itinerarium. *Ibid.* 1621, *in*-8.

1495 Les Entretiens des Champs Elizées, par Paul Hay du Chastelet, 1631. — Le Triomphe de Louis le Juste sur les Anglois & les Rebelles. *Paris*, 1628. — Remonstrance à ceux de la Religion prétendue réformée du bas Languedoc. 1629, *in*-8. *v. m.*

1496 Capta Rupecula, Cracina servata descripta à Philib. Moneto. *Lugduni, Caffin*, 1630, *in* 12.

1497 Journal des choses mémorables qui se sont passées au siége de la Rochelle, par P. Mervault. *in* 8.

1498 Le siége de la Ville de Dóle, par J. Boyvin. *Anvers, Moretus*, 1638, *in*-4.

1499 Histoire particuliere des plus mémorables choses qui se font passées au siége de Montauban, 1624, *in*-8.

1500 Histoire de la Vie de Henry, dernier Duc de Montmorency, par Simon du Cros. *Paris, Courbé*, 1643, *in*-4.

1501 Histoire de Henri II, dernier Duc de Montmorency. *Paris, Guignard*, 1699, *in*-12.

1502 Histoire véritable de tout ce qui s'est fait & passé dans la Ville de Thoulouze en la mort du Maréchal de Montmorency. 1642. — Particularitez de tout ce qui s'est fait & passé en la mort de Messieurs Cinqmars & de Thou, en 1642. *in* 8. *v. m.*

1503 Journal des Avis & des Affaires de Paris, contenant ce qui s'y passe tous les jours de plus considérable pour le bien public, publié par Colletet. *Paris*, 1676. — Observations sur la Vie & la Condamnation du Maréchal de Marillac. 1633, &c. *in*-4.

1504 La premiere & seconde Savoisiene. *Grenoble, Marnioles*, 1630, *in*-8.

1505 Les Véritez Françoises opposées aux Calomnies Espagnoles. *Beauvais*, 1637, *in*-8.

1506 Le Mars françois, ou la Guerre de France, en laquelle font examinées les Raisons de la Justice prétendue des Armes & des Alliances du Roy de France, par Alex. Patricius Armacanus. 1637, *in*-8.

1507 L'Homme du Pape & du Roy, ou Reparties veritables

fur les Imputations calomnieufes d'un Libelle diffamatoire
femé contre Sa Sainteté, & contre Sa Majeflé Très Chrétienne. 1635, *in-8.*

1508 Mémoires du Comte de Brienne. *Amft. Bernard*, 1719,
3 *vol. in-12.*

1509 Hiftoire du Maréchal de Thoiras, par Michel Baudier.
Paris, Cramoify, 1644, *in fol.*

1510 La Vie du Maréchal de Gaffion. *Paris, de Luyne*,
1672. 4 *vol. in-12.*

1511 Hiftoire du Maréchal de Guébriant, par J. le Laboureur. *Paris, Billaine*, 1776, *in-fol.*

1512 Mémoires du Maréchal de Baffompierre. *Amft.* 1723,
4 *vol. in-12. v. f.*

1512 * Ambaffade du Maréchal de Baffompierre. *Cologne,
Marteau*, 1668, 3 *vol. in-12.*

1513 Mémoires des divers Emplois & des principales Actions
du Maréchal du Pleffy. *Paris, Barbin*, 1676, *in-4.*

1514 Mémoires de Deagent. *Grenoble, Charvis*, 1668,
in-12.

1515 Mémoires & la Vie de Claude de Letouf, Baron de
de Sirot. *Paris, Barbin*, 1683, 2 *vol. in-12.*

1516 Mémoires de Pontis. *Paris*, 1715, 2 *vol. in-12.*

1517 Mémoires de M. de B*** (Bouy). *Amft.* 1711, 2 *vol.
in-12. v. f.*

1518 Mémoires de François-de-Paule de Clermont, Marquis
de Montglat. *Amft.* 1728, 4 *vol. in-12.*

1519 Mémoires de Henri-Charles de la Trémoille, Prince
de Tarente, par le P. Griffet. *Liége, Baffompierre*, 1767,
in-12.

1520 Mémoires de Robert Arnauld d'Andilly. *Hambourg*,
1734, *in-12. v. f.*

1521 Les Mémoires de Michel de Marolles. *Paris, de Sommaville*, 1656, 2 *vol. in-fol.*

1522 Mémoires de la Vie & des Adventures de Nic. Gargot,
Capitaine de Navire, & autres pieces, 2 *vol. in-4.*

1523 Defpefches & Mémoires faicts par M. le Duc de Crequy, en fon Ambaffade à Rome en 1633 & 1634. *in-fol.
manufc.*

1524 Ambaffade des Duc d'Angoulefme, Comte de Bethune
& de Preaux-Chafteauneuf, envoyez par Louis XIII à Ferdinand II. *Paris, Jolly*, 1667, *in-fol.*

1525 Hiftoire des Guerres & des Négociations qui précéde-
rent le Traité de Weftphalie, par le P. Bougeant. *Paris,
Mariette*, 1744, *in-4.*

1526 Alliances du Roy avec le Turc & autres juſtifiées contre les calomnies des Eſpagnols, par G. Guay. *Paris, du
Bray*, 1626, *in-*8.
1527 Le Treſor des Treſors de France, vollé à la Couronne
par les incognues fauſſetez, artifices & ſuppoſitions com-
miſes par les principaux Officiers de Finance, deſcouvert
& préſenté au Roy Louis XIII, en l'aſſemblée de ſes Eſtats
Généraux tenus en 1615, par J. de Baufort. 1615, *in-*8.
1528 La Chaſſe aux Larrons, ou Eſtabliſſement de la Chambre de Juſtice, par J. Bourgoin. *Paris, in-*8.

Hiſtoire particuliere du Regne de Louis XIV.

1529 Hiſtoire de Louis XIV, par Péliſſon. *Paris, Rollin*,
1749. 3 *vol. in-*12.
1530 Mémoires pour ſervir à l'Hiſtoire de Louis XIV, par
l'Abbé de Choiſy. *Utrecht*, 1727, 2 *vol. in-*12. *v. f.*
1531 Hiſtoire de la Monarchie Françoiſe ſous le regne de
Louis le Grand. *Paris, Brunet*, 1697, 3 *vol. in-*12.
1532 Hiſtoire de Louis XIV, par H. P. de Limiers. *Amſt.*
1717, 7 *vol. in-*12.
1533 Hiſtoire de France, ſous le regne de Louis XIV, par
de Larrey. *Rotterdam, Bohm*, 1718, 9 *vol. in-*12
1534 Le parallele de Philippe II & de Louis XIV. *Cologne,*
1709, *in-*12. *v. m.*
1535 Vie de Françoiſe d'Aubigné, Marquiſe de Maintenon.
Paris, Buiſſon, 1786, *in-*12.
1536 Mémoires & Lettres de Madame de Maintenon. *Amſt.*
1756, 15 *vol. in-*12. *v. éc.*
1537 Mémoires d'un Favory du Duc d'Orléans. *Leyde, Sambix*, 1668, *in-*12.
1538 Hiſtoire du Miniſtere du Cardinal Mazarin, par Galeazzo
Gualdo Priorato. *Amſt. Boom*, 1671, 3 *vol. in-*12.
1539 Hiſtoire du Cardinal Mazarin, par Aubery. *Paris,
Thierry*, 1688, 2 *vol. in-*12.
1540 L'Alcoran de Louis XIV, ou le Teſtament politique
du Cardinal Mazarin. *Rome*, 1695, *in-*12.
1541 Mazarinades, 19 *vol. in-*4.
1542 Jugement de tout ce qui a eſté imprimé contre le Cardinal Mazarin, par Naudé. *in-*4. *gr. pap.* 718 *pages.*
1543 Mémoires d'Anne Marie Louiſe d'Orléans de Montpen-
ſier. *Anvers, Hey*, 1730, 6 *vol. in-*12. *v. f.*
1544 Hiſtoire de Louis de Bourbon, Prince de Condé, par
Coſte. *La Haye, Néaulme*, 1748, 2 *tomes en un vol. in-*4.

1545 Hiſtoire de Louis de Bourbon, ſecond du nom, Prince de Condé, par M. Deſormeaux. *Paris, Saillant*, 1766, 4 *vol. in*-12. *fig.*

1546 Hiſtoire de la Priſon & de la Liberté de Monſieur le Prince. 1651, *in* 4.

1547 Mémoires de Goúrville. *Paris, Ganeau*, 1721, 2 *tomes en un vol. in*-12. *v. f.*

1548 Hiſtoire de H. de la Tour d'Auvergne, Vicomte de Turenne, par l'Abbé Raguenet. *La Haye, Néaulme*, 1738, 2 *tomes en un vol. in*-12.

1549 Hiſtoire du Vicomte de Turenne, par de Ramſay. *Paris, Mazieres*, 1735, 2 *vol. in* 4. *fig. v. f.*

1550 Mémoires du Cardinal de Retz, ceux de Joly & de la Ducheſſe de Nemours. *Amſt. Bernard*, 1731, 7 *tomes en* 6 *vol. in*-12. *v. f.*

1551 Mémoires de Lenet. 1729, 2 *vol. in*-12. *v f.*

1552 Mémoires de la Minorité de Louis XIV, par le Duc de la Rochefoucault. *Amſt.* 1723, 2 *vol. in*-12. *v f.*

1553 Mémoires de Montreſor. *Cologne, Sambix*, 1723, 2 *vol. in*-12. *v. f.*

1554 Mémoires ſecrets de la Cour de France, contenant les Intrigues du Cabinet pendant la Minorité de Louis XIV. *Amſt. Girardi*, 1733, 3 *vol. in*-12. *v. f.*

1555 Mémoires d'Omer Talon. *La Haye, Goſſe*, 1732, 8 *vol. in*-12. *v. f.*

1556 Hiſtoire du Temps, ou le véritable Récit de ce qui s'eſt paſſé dans le Parlement de Paris, depuis Aouſt 1647, juſqu'à Novembre 1648. 1649, *in* 8.

1557 La Vie d'Anne-Genevieve de Bourbon, Ducheſſe de Longueville. *Amſt. Jolly*, 1739, 2 *tomes en un vol. in* 12. *v. f.*

1558 Mémoires du Duc de Guiſe. *Paris, Martin*, 1668, *in*-4. *v. f.*

1559 Examen du Miniſtere de Colbert. *Paris, d'Houry*, 1774, *in*-8.

1560 Mémoires du Duc de Navailles. *Amſt. Malherbe*, 1701, *in*-12.

1561 La Vie de Ch. de Sainte Maure, Duc de Montauſier. *Paris, Rollin*, 1729, 2 *vol. in*-12.

1562 Mémoires du Marquis de la Fare. *Rotterdam, Fritſch*, 1716, *in*-12.

1563 Mémoires du Maréchal de Gramont. *Paris, David*, 1716, 2 *vol. in*-12.

1564 Mémoires de Roger de Rabutin, Comte de Buſſy. *Paris, Rigaud*, 1704, 3 *vol. in*-12.

1565 Mémoires secrets du Comte de Buffy-Rabutin. *Amft. Goffe*, 1768, 2 *vol. in*-12.

1566 Mémoires de Ant. de Pas, Marquis de Feuquiere. *Londres* (*Paris*) 1736, *in*-4. *v. f.*

1567 Les mêmes Mémoires du Marquis de Feuquiere. *Paris, Rollin*, 1737, 4 *vol. in*-12.

1568 Mémoires de M. de S. (Saint-Hilaire). *Amft.* (*Paris*), 1766, 4 *vol. in*-12.

1569 Mémoires de Jacq. de Chaftenet, Seigneur de Puyfégur. *Paris, Morel*, 1690, 2 *vol. in*-12.

1570 Mémoires du Maréchal de Berwick. *Londres* (*Paris*), 1738, 2 *vol. in*-12. *v. f.*

1571 Anecdotes hiftoriques extraites des Mémoires du Duc de Saint Simon. 7 *vol. in*-4. *manufc.*

1572 Mémoires du Chevalier de Terlon. *Paris, Billaine*, 1681, 2 *tomes en un vol. in*-12.

1573 Mémoires de d'Artagnan. *Amft. de Coup*, 1715, 3 *vol. in*-12.

1574 Mémoires très-fideles & très-exacts des Expéditions militaires qui fe font faites en Allemagne, Hollande, &c. depuis le Traité d'Aix-la-Chapelle. *Paris, Briaffon*, 1734, 2 *vol. in*-2.

1575 Mémoires du Duc de Villars. *Amft.* 1735, 3 *vol. in*-12. *v. f.*

1576 Mémoires du C. de Forbin. *Amft.* (*Paris*), 1729, 2 *vol. in*-12.

1577 Mémoires de Du Guay-Trouin. *Paris*, 1740, *in*-4. *fig. v. f.*

1578 Les Campagnes de Du Guay-Trouin, gravées. *in-fol. m.*

1579 Mémoires politiques & militaires pour fervir à l'Hiftoire de Louis XIV & de Louis XV, compofés fur les Pieces originales recueillies par le Duc de Noailles, par l'Abbé Millot. *Paris, Moutard*, 1776, 6 *vol. in* 12.

1580 Mémoires de Torcy. *Amft.* (*Paris*), 1760, 3 *vol. in*-12.

1581 Lettres hiftoriques de Peliffon. *Paris, Didot*, 1729, 3 *vol. in*-12. *v. f.*

1582 Hiftoire des Démeflez de la Cour de France avec la Cour de Rome, au fujet de l'Affaire des Corfes, par l'Abbé Regnier Defmarais. 1707, *in*-4.

1583 Mémoires du Cardinal Reynaud d'Efte. *Cologne, Demen*, 1677, 2 *vol. in*-12.

1584 Journal de M. d'Ormeffon pendant la Chambre de Juftice établie en Décembre 1661, dans la Chambre des Revifions en la Chambre des Comptes. *in-fol. manufc.*

1585 Description exacte de tout ce qui s'est passé dans les Guerres entre le Roy d'Angleterre, le Roy de France, les États des Provinces-Unies, depuis 1664 jusqu'en 1667. *Amst. Benjamin*, 1668, *in-4. fig.*

1586 Recueil de diverses Pieces pour servir à l'Histoire. *Cologne, du Castel*, 1664, *in-16 m. bl.*

1587 Mémoires de la Cour de France pour les années 1688 & 1689, par la Comtesse de la Fayette. *Amst. Bernard*, 1731, *in-12.*

1588 Histoire secrette des Intrigues de la France en diverses Cours de l'Europe, trad. de l'anglois. *Londres, 2 tomes en un vol. in-8.*

1589 Les Annales de la Cour & de Paris, pour les années 1697 & 1698. *Cologne, Marteau*, 1701, *2 vol. in-12.*

1590 La Cour de France Turbanisée, & les Trahisons démasquées. *Cologne, Marteau*, 1686, *in-12.*

1591 Les Soupirs de la France Esclave qui aspire après la Liberté. *Amst.* 1690, *in-4.* 15 *mém.* 228 *pages.*

1592 Les Héros de la France sortans de la barque de Caron, s'entretenant avec Louvois, Colbert & Seignelay. *Cologne, Marteau*, 1693. — La France ruinée sous le regne de Louis XIV, par qui & comment, avec les moyens de la rétablir en peu de temps. *Ibid. in-16. fig. v. f.*

1593 Conseil privé de Louis le Grand, pour trouver les moyens, par de nouveaux impôts, de continuer la guerre. *Versailles*, 1696, *in-16. v. m.*

1594 Recueil général des pieces touchant l'affaire des Princes légitimes & légitimez. *Rotterdam*, 1717, *4 vol. in-12.*

Histoire particuliere du Regne de Louis XV.

1595 . . . .

1596 Journal historique des fastes de Louis XV. *Paris, Prault*, 1766, *2 vol. in-8. v. f.*

1597 Les glorieuses Campagnes de Louis XV, représentées par des figures allégoriques, avec une explication, par M. Gosmond. *Paris, in-4. v. f.*

1598 Histoire des Conquêtes de Louis XV, Ouvrage enrichi d'Estampes, par Dumortous. *Paris, de Lormel*, 1759, *in-fol. gr. pap. v. éc.*

1599 La Vie de Philippe d'Orléans, Régent du Royaume. *Londres*, 1736, *2 vol. in-12. fig. v. f.*

1600 Mémoires de la Régence. *La Haye*, 1736, *3 vol. in-12. fig.*

1601 Mémoires de la Régence. *Amst.* (*Paris*), 1749, 5 *vol. in-12. fig.*

1602 Histoire du système des Finances, sous la minorité de de Louis XV. *La Haye, de Hondt,* 1739, 3 *vol. in-12. v. f.*

1603 Mémoires de Madame de Staal. *Londres,* (*Paris*), 1755, 3 *vol. in-12.*

1604 Mémoires de Ch. Alex. de Montgon. 1748, 9 *vol. in-12. v. f.*

1605 Mémoires pour servir à l'Histoire de Louis, Dauphin de France, par le P. Griffet. *Paris, Simon,* 1777, 2 *vol. in-12.*

1606 Anecdotes de notre Temps, depuis 1715 jusqu'en 1736, 52 *vol. in-fol.* Ce Manuscrit unique contient des Estampes relatives aux événemens, des Portraits, des Plans, des Cartes, les Cérémonies, Entrées, Feux d'artifices, les Manufactures, Modes, jusqu'à des échantillons d'Etoffes d'or, d'argent, de velours, soie, toiles, &c.

1607 Journal historique de la derniere Campagne de l'armée du Roi en 1746, avec des plans. *La Haye, Scheurleer,* 1747, *in-8.*

1608 Histoire de Maurice, Comte de Saxe. *Mittaw,* 1752, 3 *vol. in-12.*

1609 Journal historique, ou Conquête de l'Isle de Minorque par les François, avec les pieces, Chansons & Fêtes données à l'occasion de la prise du Port-Mahon, *in-8. v. éc.*

1610 Recueil de toutes les pieces intéressantes publiées en France, relativement aux troubles des Parlemens. *Bruxelles, Flon,* 1771, 2 *vol. in-12. v. f.*

Histoire générale & particuliere des Villes & des Provinces de France.

1611 Les Annales d'Aquitaine, par J. Bouchet. *Poictiers, Mounin,* 1644, *in fol.*

1612 Histoire de la Province d'Alsace, par le P. L. la Guille. *Strasbourg, Doulssecker,* 1727, 3 *part. en un vol. in-fol.*

1613 Istoria della Citta d'Avignone e del Contado Venesino, da Sebast. Fantoni Castrucci. *In Venetiá, Hertz,* 1678, 2 *vol in 4. m. r.*

1614 Histoire de la Ville de la Rochelle & du Pays d'Aulnis, par M. Arcere. *la Rochelle, Desbordes,* 1756, 2 *vol. in-4.*

1615 Histoire mémorable de la Ville de Sancerre, par J. de Lery. 1574, *in-8. v. m.*

O

1616 Histoire de la Ville de Bordeaux, par D. Devienne. *Bordeaux, Labottiere, 1771, in 4. m. r.*

1617 Chronique Bourdeloise, depuis 1620 jusqu'à présent. *Bourdeaux, Millanges, 1672, in-4.*

1618 De l'Origine des Bourgongnons, & Antiquité des États de Bourgongne, par P. de Saint-Julien. *Paris, Chesneau, 1581, in fol.*

1619 Histoire des Ducs de Bourgogne, par de Fabert. *Cologne, Marteau, 1689, 2 vol. in-12.*

1620 Histoire de l'ancienne Bibracte, à présent appellée Autun. *Autun, Tory, 1688, in 12.*

1621 L'Illustre Orbandale, ou Histoire ancienne & moderne de la Ville de Châlon-sur-Saone. *Châlon, Cusset, 1662, 2 vol. in-4. fig.*

1622 Histoire de Bretagne, par D. Guy Alexis Lobineau. *Paris, Muguet, 1707, 2 vol. in-fol.*

1623 Histoire ecclésiastique & civile de Bretagne, par D. P. Hyacinthe Morice. *Paris, Delaguette, 1750, 5 vol. in-fol. v. éc. d. s. tr.*

1624 Histoire des Ducs de Bretagne. *Paris, Clousier, 1739, 6 tom. en 5 vol. in-12. v. f.*

1625 Mémoires historiques de la Province de Champagne, par Edme Baugier. *Paris, Cailleau, 1721, 2 vol. in-8.*

1626 Mémoires pour servir à l'Histoire de Dauphiné, sous les Dauphins de la Maison de la Tour du Pin (par P. Moret de Bourchenu, Marquis de Valbonnay). *Paris, de Bats, 1711, in-fol.*

1627 Mémoires de l'Histoire du Languedoc, par Guil. de Catel. *Tolose, Colomiez, 1633, in-fol.*

1628 Histoire générale de Languedoc, avec des notes & les pieces justificatives, par DD. Fr. Cl. de Vic & Fr. Jos. Vaissete. *Paris, Vincent, 1730, 5 vol. in-fol.*

1629 Mémoires pour servir à l'Histoire de Languedoc, par de Basville. *Amst. 1736, in-8.*

1630 Annales de la Ville de Toulouse, depuis la réunion de la Comté de Toulouse à la Couronne, avec un Abrégé de l'ancienne Histoire de cette Ville, & un Recueil de divers Titres & Actes, par G. la Faille. *Toulouse, Posuel, 1687 & 1701, 2 vol. in fol. mar. r. doublé de mar. v.*

1631 Histoire des Comtes de Tolose, par Guil. Catel. *Tolose, Bosc, 1623, in fol.*

1632 Histoire civile, ecclésiastique & littéraire de la Ville de Nismes, par M. Menard. *Paris, Chaubert, 1750, 7 vol. in-4. gr. pap. fig. mar. r.*

1633 Histoire de la Ville de Nismes & de ses Antiquités, par H. Gautier. *Paris, Cailleau,* 1720, *fig.* — Abrégé historique du Prieuré & de la Ville de la Charité, par Bernot de Charant. *Bourges, Cristo,* 1709, *in-8.*

1634 Histoire ecclésiastique & civile de Lorraine, par D. Aug. Calmet. *Nancy, Cusson,* 1728, 4 *vol. in-fol.*

1635 Mémoires de l'Histoire de Lyon, par Guil. Paradin. *Lyon, Griphius,* 1573, *in-fol.*

1636 Histoire civile & ecclésiastique du Comté d'Evreux, par Brasseur. *Paris, Barois,* 1722, *in-4.*

1637 Histoire des Archevêques de Rouen, par D. Fr. Pommeraye. *Rouen, Maurry,* 1667, *in-fol.*

1638 Histoire de la Ville de Paris, par Mich. Felibien, augmentée par D. Guy-Alexis Lobineau. *Paris, Desprez,* 1725, 5 *vol. in-fol. fig. gr. pap.*

1639 Histoire de la Ville de Paris. *Paris, Gandouin,* 1735, 6 *vol. in-12. le cinquieme vol. manq.*

1640 Dissertations sur l'Histoire ecclésiastique & civile de Paris, par l'Abbé le Beuf. *Paris, Durand,* 1739, 2 *vol. in-12. fig.*

1641 Description historique de la Ville de Paris, par Piganiol de la Force. *Paris, Nyon,* 1765, 10 *vol. in-12. fig. v. éc.*

1642 Essais historiques sur Paris, par Poullain de Saint-Foix. *Paris,* 1769, 3 *vol. in-12.*

1643 Les mêmes Essais historiques. *Paris, Duchesne,* 1763, 5 *vol. in-12.*

1644 Plan de Paris, de Saint-Cloud & de Versailles, par l'Abbé de la Grive. *Paris, in-fol. m.*

1645 Mémoire sur la Constitution politique de la Ville de Périgueux, avec les titres. *Paris, Quillau,* 1775, 2 *vol. in-4.*

1646 Les Antiquitez, Histoires & choses plus remarquables de la Ville d'Amiens, par Adrien de la Morliere. *Paris, Cramoisy,* 1642, *in-fol.*

1647 Discours des Guerres de la Conté de Venayscin & de la Provence, par L. de Perussiis. *Anvers,* 1564, *in-8. v. f.*

1648 Histoire de Provence, par J. Fr. de Gaufridi. *Aix,* 1723, 2 *vol. in-fol.*

1649 Histoire des Roys, Ducs & Comtes de Bourgongne & d'Arles, par André Duchesne. *Paris, Cramoisy,* 1619, *in-4.*

1650 La Royale Couronne des Roys d'Arles, par Bovis. *Avignon, Bramereau,* 1640, *in-4. v. f.*

1651 Deux conventions entre Charles I & Louis II, anciens Contes de Provence, & les Citoyens de la Ville d'Arles, contenant les libertez desdits Citoyens. *Lyon*, 1582. — Les Antiquitez d'Arles, par J. Seguin. *Arles, Mesnier*, 1687, *in-*4. *fig.*

1652 Histoire des Antiquités de la Ville de Soissons, par M. le Moine. *Paris, Vente*, 1771, *in-*12. *m. r.*

1653 Histoire du Duché de Valois, par M. Carlier. *Paris, Guillyn*, 1764, 3 *vol. in-*4.

1654 Histoire des Dauphins de Viennois, d'Auvergne & de France, par M. le Quien de la Neufville. *Paris, Desprez*, 1760, 2 *vol. in-*12. *m. r.*

Mélanges de l'Histoire de France, ou Extraits, Recueils, Collection d'Actes, &c.

1655 Meslanges historiques, par P. de Sainct Julien. *Lyon, Rigaud*, 1589, *in* 8.

1656 Pieces fugitives pour servir à l'Histoire de France, avec des notes historiques & géographiques. *Paris, Chaubert*, 1759, 3 *vol. in-*4. *v. f. d. s. tr.*

1657 Recueil de diverses pieces pour servir à l'Histoire. 1635, *in-fol.*

1658 Recueil de plusieurs pieces servans à l'Histoire moderne. *Cologne, du Marteau*, 1663, *in-*12.

1659 Curiosités historiques, ou Recueil de pieces utiles à l'Histoire de France. *Amst.* (*Paris*), 1759, 2 *vol. in-*12.

1660 Histoire de la Milice Françoise, par le P. G. Daniel. *Paris, Prault*, 1728, 2 *vol. in-*4. *fig.*

1661 Catalogue des Rolles Gascons, Normands & François dans les Archives de la Tour de Londres. *Paris, Barrois*, 1743, 2 *tomes en un vol. in-fol.*

Traites singuliers de l'Origine, Dignités, Préexcellence & Prérogatives des Rois & du Royaume de France.

1662 Lettres Provinciales, ou Examen impartial de l'Origine, de la Constitution & des Révolutions de la Monarchie Françoise. *Paris, Merlin*, 1772, 2 *vol. in-*8. *v. éc.*

1663 Des Affaires d'Etat, des Finances, du Prince & de sa Noblesse, par de Lalouette. *Metz, d'Arras*, 1597, *in-*8.

Traités singuliers du Droit de Souveraineté du Roi de France ; ensemble les Traités de la Politique & du Gouvernement de ce Royaume.

1664 Traité touchant les Droits du Roy , par Dupuy. *Paris, Courbé,* 1655 , *in fol.*

1665 Défense des Droits & prérogatives des Roys de France contre Alex. Patrice Armacan. *Paris, Rocolet,* 1639, *in-8. v. m.*

1666 La recherche des Droicts du Roy & de la Couronne de France, sur les Royaumes, Duchez, &c. occupez par les Princes Estrangers, par Jacq. de Cassan. *Paris, Loyson,* 1646 , *in-8.*

1667 Fr. Hotomani Franco-Gallia , 1673. — Le Hérault François, 1622. — Regnaud de Montauban ressuscité , 1622. — La France mourante, & autres pieces, *in-8.*

1668 Ad Fr. Hotomani Franco-Galliam Ant. Matharelli responsio. *Lutetiæ, Morellus,* 1575. — Le Trésor des Trésors de France vollé à la Couronne, par J. de Beaufort, 1615 , *in-8. v. m.*

1669 Traité de la Majorité de nos Rois & des Régences du Royaume, & un Traité des prééminences du Parlement de Paris. *Amst.* 1722, 2 *vol. in-8. v. f.*

1670 Meslanges historiques, ou Recueil de plusieurs Actes, Traités, &c. qui peuvent servir en la déduction de l'Histoire, depuis 1390 jusqu'en 1580. *Troyes, Moreau,* 1619, *in-8.*

Histoire des États Généraux , Dignités & Offices du Royaume de France.

1671 Recueil général des Estats tenus en France, sous les Rois Charles VI, Charles VIII, Charles IX, Henry III & Louis XIII. *Paris,* 1651, *in-4.*

1672 Recueil très-exact & curieux de tout ce qui s'est fait & passé de singulier & mémorable en l'Assemblée générale des Estats tenus à Paris en 1614, par Florimond Rapine. *Paris,* 1651, *in-4.*

1673 Histoire des Dignitez honoraires de France, par de S. Lazare. *Paris, Besongne,* 1626, *in-8. v. f.*

1674 Le Cérémonial françois, recueilli par Théod. Godefroy, & mis en lumiere par D. Godefroy. *Paris, Cramoisy,* 1649, 2 *vol. in-fol. gr. pap.*

1675 Traité concernant les Cérémonies & les Rangs en France. *in-fol. manusc.*

1676 Mémoire fur les Rangs & les Honneurs de la Cour. *in-8. m. r.*

1677 Réponfe au Mémoire. *Paris, le Breton,* 1771, *in-8.*

1678 Hiftoire de la Pairie de France, par J. le Laboureur. *in-fol. manufc.*

1679 Hiftoire de la Pairie de France & du Parlement de Paris, par M. D. B. *Londres, Harding,* 1740, *in-12. v. f.*

1680 Mémoires concernant les Pairs de France, avec les Preuves. *Paris, Couftelier,* 1720, *in-fol.*

1681 Recueil concernant le Tribunal des Maréchaux de France, par M. de Beaufort. *Paris,* 1784, *in-8. v. f.*

1682 Origine des Dignités & Magiftrats de France, par Cl. Fauchet. *Paris, Perier,* 1600, *in-8.*

1683 Trois Livres des Offices de France, par E. Girard, avec les additions de Jacq. Joly. *Paris, Joft.* 1657, 2 *vol. in-fol.*

1684 Le grand Chambellan de France, par P. Bardin. *Paris, Duval,* 1623, *in fol.*

1685 Hiftoire des Conneftables, Chanceliers, Garde des Sceaux, Marefchaux, Admiraux, par J. le Feron, augmentée par D. Godefroy. *Paris, de l'Imprimerie Royale,* 1658, *in fol.*

1686 Livre de premier Gentilhomme de la Chambre du Roy, années d'exercice du Duc de Gefvres. *in-fol. manufc. m. r.*

1687 Hiftoire des Chanceliers & Gardes des Sceaux de France, enrichie de leurs Armes, Blafons & Généalogies, par Fr. Duchefne. *Paris, in fol.*

1688 Hiftoire du Confeil du Roy, par Guillard. *Paris, Couftelier,* 1718, *in 4.*

1689 Hiftoire des Secretaires d'Eftat, avec les Éloges, Armes, Blafons, &c. par Favelet du Toc. *Paris, de Sercy,* 1668, *in-4.*

1690 Hiftoire des Miniftres d'Eftat qui ont fervi fous les Roys de France de la troifieme lignée, par Auteuil. *Paris, Courbé,* 1642, *in-f. l.*

1691 Treize Livres des Parlemens de France, par Bernard de la Roche-Flavin. 1621, *in-4.*

1692 Lettres hiftoriques fur les Fonctions effentielles du Parlement, fur le Droit des Pairs, & fur les Loix fondamentales du Royaume, (par L. Adrien le Paige). *Amft.* 1753, 2 *vol. in-12.*

1693 Catalogue des Chevaliers de l'Ordre du Saint-Efprit, depuis la création en 1578, jufqu'en 1756, avec tous les Blafons enluminés. *in-fol. manufc.*

[111]

1694 Catalogue des Chevaliers, Commandeurs & Officiers de
l'Ordre du Saint-Esprit. *Paris, Ballard, 1760, in-fol.
gr. pap. v. m. d. s. tr.*

*Traités singuliers historiques sur les Monnoyes du Royaume
de France, les Médailles, &c.*

1695 Recherches curieuses des Monnoyes de France, par Cl.
Bouteroue. *Paris, Martin, 1666, in-fol. gr. pap. mar. r.*
1696 Traité historique des Monnoyes de France, augmenté
d'une Dissertation historique sur quelques Monnoyes de Charlemagne. *Amst. Mortier, 1692, in-4. fig.*
1697 Médailles sur les principaux événemens du Regne de
Louis le Grand, avec des Explications historiques. *Paris,
de l'Imprimerie Royale, 1723, in-fol. m. r.*
1698 Médailles du Regne de Louis XV, par Godonnesche.
in fol. mar. bl.

*Histoire des Actions publiques & solemnelles faites en France,
& des Cérémonies qui s'y sont observées.*

1699 Recueil des Cérémonies observées aux Obseques des
Roys, Roynes, Princes. &c. tant françois qu'estrangers,
depuis l'an 1378, jusques en 1619. *in-fol. manusc.*
1700 Ordre qui a été tenu à la joyeuse Entrée d'Henry II à
Paris, en 1549. *Paris.* — Sommaire Recueil de l'ordre
tenu à la joyeuse Entrée de Charles IX à Paris, avec le
couronnement d'Élizabeth d'Austriche. *Paris, du Pré,
1572, in-4. fig.*
1701 Histoire de l'Entrée de la Reyne mere dans les Provinces-
Unies des Pays-Bas, & dans la Grande-Bretaigne, par de la
Serre. *Londres, Thomason, 1639, in-fol. fig.*
1702 La Voye de laict, ou le Chemin des Héros au Palais de
la Gloire, ouvert à l'Entrée triomphante de Louis XIII en
la Cité d'Avignon, en 1621. *Avignon, Bramereau, 1623,
in-4. fig.*
1703 Entrée triomphante de Louis XIII à Paris, après la ré-
duction de la Rochelle. *Paris, Rocolet, 1629, in-fol.*
1704 Entrée triomphante de Louis XIV & Marie Thérese
d'Autriche dans la Ville de Paris. *Paris, Marot, 1662,
in-fol. fig.*
1705 Journal de ce qui s'est fait pour la réception du Roy
dans la Ville de Metz, en 1744. *Metz, Collignon, 1744,
in fol. fig.*

1706 Description & Relation de tout ce qui a été fait & de ce qui s'est passé à l'occasion du Mariage de Louis-Auguste, Dauphin de France, avec Marie-Antoinette Josephe-Jeanne, Archiduchesse d'Autriche, & de Louis-Stanislas-Xavier de France, Comte de Provence, avec Marie-Josephine Louise, Princesse de Savoye, par M. de la Ferté. 2 *vol. in-4. manusc. m. r.*

1707 Sacre & Couronnement de Louis XVI, Roy de France, à Rheims, le 11 Juin 1775, précédé de Recherches sur le Sacre des Roys, enrichi de figures gravées par le sieur Patas. *Paris, Patas,* 1775, *in-4. m. r.*

1708 Discours véritable sur la mort, funérailles & enterrement de Messire André de Brancas, Seigneur de Villars. *Rouen, Lallemand,* 1595, *in-8. v. f.*

HISTOIRE D'ALLEMAGNE.

1709 Histoire générale d'Allemagne, par le P. Barre. *Paris, Delespine,* 1748, 11 *vol. in-4. gr. pap. v. f. avec les portraits d'Odieuvre.*

1710 Essai sur l'Histoire de la Maison d'Autriche, par M. le Comte de G***. *Paris, Moutard,* 1778, 6 *vol. in-12.*

1711 Vie de l'Empereur Charles V, trad. de l'Italien de Leti, *Bruxelles,* 1726, 4 *vol. in-12. fig.*

1712 Histoire du Regne de l'Empereur Charles-Quint, trad. de l'anglois de Robertson, par M. Suard. *Paris, Pissot,* 1771, 6 *vol. in-12.*

1713 Histoire militaire du Prince Eugene de Savoye, du Duc de Marlborough & du Prince de Nassau, par Dumont. *La Haye, Vander Kloot,* 1729, 2 *vol. in-fol. m. fig.*

1714 Histoire de l'Empereur Charles VI. par la Lande. *La Haye, Neaulme,* 1743, 6 *vol. in-12. v. éc.*

1715 Annales du Regne de Marie-Thérese, Impératrice Reine de Hongrie, par M. Fromageot. *Paris, Nyon,* 1781, *in-8. v. éc.*

1716 Le Monarque accompli, ou Prodiges de bonté, de savoir & de sagesse, qui font l'Éloge de Sa Majesté Impériale Joseph II, par M. de Lanjuinais. *Lausanne, Heubach,* 1774, 3 *vol. in-8. v. éc.*

1717 Commentaire historique de la Vie & de la Mort de Christ. de Dhona. *Genève, Chouet,* 1639, *in-4.*

1718 Descriptio publicæ gratulationis spectaculorum & ludorum in adventu S. Principis Ernesti Archiducis Austriæ, à Jo. Bochio conscripta. *Antuerpiæ, Plantin,* 1595, *in-fol. fig.*

1719 Les Vies des Electeurs de Brandebourg de la Maison des Burgraves de Nuremberg, trad. du latin de J. Cernitius par Ant. Teiſlier. *Berlin , Rudiger , 1707 , in-fol. fig.*

1720 Mémoires pour ſervir à l'Hiſtoire de Brandebourg, par Fréderic II , Roi de Pruſſe. *1751 , 2 tomes en un vol. in-12. v. f.*

HISTOIRE DES PAYS-BAS.

1721 Hiſtoire des Pays-Bas de Meteren, trad. du Flamand. *La Haye , 1618 , in-fol.*

1722 Deſcription abrégée géographique & hiſtorique du Brabant Hollandois & de la Flandre Hollandoiſe. *Paris , Bauche , 1748 , in-12. fig.*

1723 Mémoires d'Olivier de la Marche. *Gand, de Salenſon , 1567 , in-4.*

1724 Annales & Hiſtoires des Troubles des Pays-Bas, par H. Grotius. *Amſt. Blaeu , 1662 , in-fol. gr. pap.*

1725 Teatro Belgico di Greg. Leti. *Amſt. de Jonge , 1690 , 2 vol. in-4.*

1726 Della Guerra di Fiandra deſcritta dal Cardinale Bentivoglio. *in Colonia , 1635 , 3 vol. in-8. v. f.*

1727 Hiſtoire de la Guerre de Flandre de Fam. Srada , trad. par P. Du-Ryer , avec le ſupplément. *Bruxelles & Amſt. 1712 & 1729, 5 vol. in-8. fig.*

1728 Hiſtoire de Tournay , par J. Couſin. *Douay, Wion , 1619 , 2 vol. in-4.*

1729 Les Délices de la Hollande. *Amſt. Mortier, 1728, 2 vol. in-12 fig. v. f.*

1730 La Richeſſe de la Hollande , Ouvrage dans lequel on expoſe l'Origine du Commerce & de la Puiſſance des Hollandois. *Londres , 1778, 5 vol. in-12.*

1731 Hiſtoire de la Guerre des Bataves & des Romains , avec les planches d'Otto Vœnius , gravées par A. Tempeſta , rédigée par le Marquis de Saint-Simon. *Amſt. Rey , 1770 , in-fol. m. v. éc.*

1732 Hiſtoire Métallique des dix-ſept Provinces des Pays-Bas, trad. du Hollandois de Gérard van Loon. *La Haye, Néaulme, 1732, 5 vol. in-fol. gr. pap. v. éc. f.*

1733 Hiſtoire générale des Provinces-Unies, par MM. Desjardins & Cellius. *Paris , Simon , 1757, 8 vol. in-4. gr. pap. avec les portraits.*

1734 Abrégé de l'Hiſtoire de la Hollande & des Provinces-

Unies, par M. L. G. F. Kerroux. *Leyde, Murray*, 1778, 4 *vol. in-8. v. éc.*

1735 Hiftoire du Stadhouderat, par M. l'Abbé Raynal. (*Paris*), 1750, 2 *tomes en un vol. in-8. v. m.*

1736 Mémoires de Frédéric-Henri Prince d'Orange , avec figures de B. Picart. *Amft. Humbert*, 1733 , *in-4. v. f.*

1737 La Vie de Corn. Tromp. *La Haye, Foulque* , 1694, *in-12.*

1738 Lettres & Négociations de Jean de Witt. *Amft. Waefberge* , 1725, 5 *vol. in-12. v. f.*

1739 Mémoires & Lettres du Chev. Temple. *Amft. & La Haye* , 1711 , 4 *vol in-12.*

1740 Pompe funébre du Stadhouder , Prince d'Orange & de Naffau , avec les figures de J. Punt. *Amft. Changuyon* , 1752 , *in-fol. v. m.*

HISTOIRE DES SUISSES.

1741 Hiftoire Militaire des Suiffes , par M. le Baron de Zurlauben. *Paris , Saillant* , 1751 , 8 *vol. in-12. v. f.*

1742 Hiftoire de Genéve , par Spon. *Genéve , Fabry* , 1730, 2 *vol. in-4. fig. v. f.*

HISTOIRE D'ESPAGNE ET DE PORTUGAL.

1743 Hiftoire Générale d'Efpagne , trad. de l'Efpagnol de J. de Ferreras, par M. d'Hermilly. *Paris ; Ofmont* , 1742, 10 *vol. in-4. v. f.*

1744 Hiftoire des Révolutions d'Efpagne, par le P. Jof. d'Orléans. *Paris , Rollin* , 1734 , 3 *vol. in-4. gr. pap. v. f.*

1745 La Vie de Philippe II, Roy d'Efpagne, trad. de l'Italien de Leti. *Amft. Mortier* , 1734, 6 *vol. in-12. v. f.*

1746 La Vie de D. Pedro Giron, Duc d'Offone , trad. de l'Italien de Leti. *Amft. Gallet* , 1700, 3 *vol. in-12.*

1747 Hiftoire de Ferdinand Alvarès de Tolede, Duc d'Albe. *Paris , Guignard* , 1698 , 2 *vol. in-12.*

1748 La Vie du Duc de Riperda. *Amft. Romberg* , 1739 , 2 *vol. in-12. v. f.*

1749 Hiftoire générale de Portugal, par de la Clede. *Paris , Rollin* , 1735 , 8 *vol. in-12.*

1750 Mémoires de Sébaftien-Jofeph de Carvalho & Melo, Comte d'Oeyras, Marquis de Pombal. *Bruxelles , le Francq* , 1784 , 2 *vol. in-12.*

HISTOIRE D'ANGLETERRE, D'ECOSSE ET D'IRLANDE.

1751 Les Fastes de la Grande - Bretagne. *Paris, Costard,* 1769, 2 *vol. in-8.*

1752 Histoire d'Angleterre, par de Rapin-Thoyras. *La Haye, Rogissart,* 1727, 13 *vol. in-4.*

1753 Histoire d'Angleterre de David Hume, trad. de l'anglois par l'Abbé Prevost & Madame Belot. *Amst. (Paris),* 1765, 7 *vol. in-4. v. m.*

1754 Histoire d'Angleterre , par T. Smolett, trad. de l'anglois par M. Targe. *Orléans, Rouzeau,* 1759, 19 *vol. in 12. v. éc.*

1755 Abrégé Chronologique de l'Histoire d'Angleterre, trad. de l'anglois de Salmon. *Paris, Rollin,* 1751, 2 *vol. in-8. v. f.*

1756 Histoire navale d'Angleterre, trad. de l'anglois de Th. Lediard, par Eidous. *Lyon, Duplain,* 1751, 3 *vol. in-4. v. f.*

1757 Histoire de la Rebellion & des Guerres civiles d'Angleterre, par Edward C. de Clarendon. *La Haye, van Dole,* 1704, 6 *vol. in-12.*

1758 Histoire de Guillaume le Conquérant, par l'Abbé Prevost. *Paris, Prault,* 1742, 2 *vol in-12.*

1759 Histoire de Henri VII, par de Marsolier. *Paris, Barbou,* 1725, 2 *vol. in-12.*

1760 La Conspiration d'Angleterre, ou Histoire des troubles suscités dans ce Royaume, depuis 1600 jusqu'en 1679. *Cologne, le Blanc,* 1680, *in-16. v. f.*

1761 Eicon Basilike, ou Portrait Royal de Sa Majesté le Roy de la Grande-Bretagne dans ses souffrances & solitudes. *La Haye,* 1649, *in-16.*

1762 Tragicum Theatrum Actorum & Casuum Tragicorum Londini celebratorum. *Amst. Jansonius,* 1649, *in-8.*

1763 Histoire de Henriette-Marie de France, Reyne de la Grande-Bretagne. *Paris, Brunet,* 1693, *in-8.*

1764 La Vie d'Olivier Cromwell, trad. de l'anglois. *La Haye, de Jongh,* 1725, 2 *tomes en un vol. in-8.*

1765 Abrégé de la Vie de Jacques II, par le P. Bretonneau. *Paris, de l'Imprimerie Royale,* 1703, *in-12. m. r.*

1766 Histoire de Jacques II, Roi de la Grande-Bretagne. *Bruxelles, Léonard,* 1740, *in-12.*

1767 Boscobel, ou Abrégé de ce qui s'est passé dans la retraite mémorable de Sa Majesté Britannique après la bataille de Worcefter, trad. de l'anglois. *Rouen, Cailloué*, 1676, *in*-12. *m. r.*

1768 Mémoires fecrets de Mylord Bolingbroke, fur les affaires d'Angleterre, depuis 1710 jufqu'en 1716. *Londres*, 1754, *in*-8. *v. m.*

1769 Mémoires du Rugne de George I. *La Haye, Moetjens,* 1729, 3 *vol. in*-12.

1770 Hiftoire du Miniftere de Robert Walpool. *Amft. (Paris),* 1764, 3 *vol. in*-12. *v. éc.*

1771 Lettres du Chevalier Robert Talbot fur la France, trad. par Maubert. *Amft. Changuion,* 1768, 2 *vol. in*-12. *v. éc.*

1772 Correfpondance du Lord G. Germain avec les Généraux Clinton, Cornwallis, &c. *Berne,* 1782, *in* 8. *v. éc.*

1773 Londres, par Grofley. *Laufanne,* 1770, 3 *vol. in*-12.

1774 Catalogue des Chevaliers de l'Ordre de la Jarretiere, depuis l'Inftitution en 1349, jufqu'en 1749. — Catalogue des Chevaliers de l'Ordre de l'Annonciade, inftitué en 1362 jufqu'en 1737. — Catalogue des Chevaliers de l'Ordre de la Toifon d'Or, depuis l'Inftitution en 1429, jufqu'en 1724, *manufc. avec les Blafons enluminés. in fol.*

1775 Sacra Exequia in funere Jacobi II, Magnæ Britanniæ Regis, defcripta à Car. de Aquino. *Romæ, Typis Barberinis,* 1702, *in fol. fig. m. n.*

1776 Hiftoire d'Ecoffe fous les Regnes de Marie Stuart & de Jacques VI, trad. de l'anglois de G. Robertfon. *Londres, (Paris),* 1764, 3 *vol. in*-12. *v. éc.*

1777 Hiftoire de Marie Stuart, Reine d'Ecoffe, par Jebb. *Londres, Woodman,* 1725, 2 *vol. in fol.*

1778 Hiftoire de Marie Stuart, Reine d'Ecoffe & de France, *Londres (Paris),* 1742, 2 *vol. in*-12.

1779 Mémoires de la Vie de Mylord Duc d'Ormond, traduit de l'anglois. *La Haye,* 1739, 2 *tomes en un vol. in*-12.

HISTOIRE DES PAYS SEPTENTRIONAUX, DANNEMARCK, SUEDE, MOSCOVIE, POLOGNE, &c.

1780 Introduction à l'Hiftoire de Dannemarck, par M. Mallet, avec l'Edda ou Mythologie Celtique. *Copenhague,* 1755, *in*-4.

1781 Hiftoire du Regne de Charles-Guftave, Roy de Suede, trad. du latin de Sam. de Puffendorf. *Nuremberg, Riegel,* 1697, *in-fol. fig.*

1782 Mémoires concernant Chriftine, Reine de Suede. *Amft. Mortier,* 1751, 2 *vol. in-4. v. f.*

1783 Histoire de la Laponie, trad. du latin de Scheffer. *Paris, de Varennes*, 1678, *in-4. fig.*

1784 Histoire des Roys de Pologne, par Massuet. *Amst. l'Honoré*, 1733, 5 *vol. in-12. v. f.*

1785 Histoire de Stanislas, Roy de Pologne, Duc de Lorraine. *Francfort*, 1740, *2 tomes en un vol. in-12. v. f.*

1786 La Vie de Stanislas Leszczinski, Roi de Pologne. *Paris, Moutard*, 1769, *in-12.*

1787 Manifeste de la République de Pologne, de 1769, trad. du Polonois. 1770, *in-4.*

1788 Les Droits des trois Puissances alliées sur plusieurs Provinces de la République de Pologne. *Londres*, 1774, *2 vol. in-8.*

1789 Essai sur le rétablissement de l'ancienne forme du Gouvernement de Pologne, trad. du Polonois de M. le Comte Wielhorski. *Londres*, 1775, *in-8.*

1790 Nouveaux Mémoires sur l'état présent de la Grande-Russie ou Moscovie. *Paris, Piffot*, 1725, *2 vol. in-12. v. f.*

1791 Description historique de l'Empire Russien, trad. de l'allemand de Strahlenberg. *Paris, Desaint*, 1757, *2 vol. in-12.*

1792 Histoire de la Russie, par Mich. Lomonossow, trad. de l'allemand par Eidous. *Paris, Guillyn*, 1769, *in-8.*

1793 Mémoires historiques, politiques & militaires sur la Russie, par le Général du Manstein. *Lyon, Bruyset*, 1772, *2 vol. in-8. v. m.*

1794 Histoire des différens Peuples soumis à la domination des Russes, par M. Levesque. *Paris, Debure*, 1783, *2 vol. in-12. br.*

1795 Histoire de Pierre le Grand, Empereur de toutes les Russies. *Amst. Merkus*, 1742, *in-4.*

HISTOIRE DES ARABES, DES SARRAZINS ET DES TURCS.

1796 La Vie de Mahomet, par Prideaux. *Amst. Gallet*, 1698, *in-8. fig.*

1797 La Vie de Mahomed, par le Comte de Boulainvilliers. *Amst. Humbert*, 1730, *in-8. v. f.*

1798 La Vie de Mahomet, par J. Gagnier. *Amst. Smith*, 1752, *2 vol. in-12. v. f.*

1799 Histoire des Sarrasins, trad. de l'anglois de Simon Ockley. *Paris, Nyon*, 1748, *2 vol. in-12. v. m.*

1800 Bibliotheque Orientale, par d'Herbelot. *Paris*, 1697, *in fol.*

1801 Mœurs & ufages des Turcs, leur Religion, leur Gouvernement, avec un Abrégé de l'Hiftoire Ottomane, par M. Guer. *Paris, Couftelier*, 1746, 2 *vol. in-4. gr. pap. fig. v f.*

1802 Hiftoire de l'Empire Ottoman, trad. de l'italien de Sagredo, par Laurent. *Paris, Barrois*, 1724, 6 *tomes en* 5 *vol. in-12. v. f.*

1803 Hiftoire de l'Empire Ottoman, par M. l'Abbé Mignot. *Paris, le Clerc*, 1771, *in-4. v. éc.*

1804 Abrégé Chronologique de l'Hiftoire Ottomane, par M. de la Croix. *Paris, Vincent*, 1768, 2 *vol. in-8.*

1805 Hiftoire des Grands – Vizirs Mahomet Coprogli & Achmet Coprogli Pacha, par de Chaffepol. *Paris, Quinet*, 1679, 3 *vol. in-12.*

1806 Mémoires du Baron de Tott, fur les Turcs & les Tartares. *Amft.* 1784, 4 *vol. in-8. br.*

HISTOIRE DE LA GRECE ASIATIQUE ET DES ISLES DE L'ARCHIPEL.

1807 Defcription géographique & hiftorique de la Morée, par le P. Coronelli. *Paris, Langlois, in-fol. fig.*

1808 Les Mémoires du Marquis de Ville, ou Hiftoire du fiége de Candie, par Fr. Salvinien d'Alquié. *Amft. Boom*, 1671, 2 *vol. in-16.*

1809 Defcription des Ifles de l'Archipel trad. du Flamand d'O Dapper. *Amft. Gallet*, 1703, *in fol. fig. v. éc.*

HISTOIRE DE LA SYRIE ET DE LA PALESTINE.

1810 Les Paffaiges d'Oultremer, faits par les François. *Paris, le Noir*, 1518, *in-fol. goth.*

HISOIRE DE LA PERSE.

1811 Hiftoire de la derniere Révolution de Perfe. *Paris, Briaffon*, 1729, 2 *vol. in-12.*

HISTOIRE DES TARTARES ET DU MOGOL.

1812 Hiftoire de Tamerlan, par le P. Margat. *Paris, Guérin*, 1739, 2 *vol. in-12. v. f.*

HISTOIRE DES INDES ORIENTALES.

1813 Recueil d'Observations curieuses sur les Mœurs, les Coutumes, &c. de différens Peuples de l'Asie, de l'Afrique & de l'Amérique, par l'Abbé Lambert. *Paris, David,* 1749, 4 *vol. in* 12.

1814 Les Fleurs des Histoires de la terre d'Orient, par Hayton. *Paris, Janot, goth fig.* — Hymnes des Vertus, représentées au vif par belles & délicates figures. *Genéve, de Tournes,* 1595, *in*-4. *v. f.*

1815 . . . .
. . . .
. . . .

1816 Histoire des Guerres de l'Inde, depuis 1745, trad. de l'anglois. *Paris, Panckoucke,* 1765, 2 *vol. in* 12.

1817 Mémoires du Colonel Lawrance, contenant l'Histoire de la Guerre dans l'Inde entre les Anglois & les François, trad. de l'anglois de Rich. Owen Cambridge. *Paris, Boudet,* 1766, 2 *vol. in*-12.

1818 État Civil, Politique & Commerçant du Bengale, par M. Démeunier. *La Haye, (Paris),* 1775, 2 *vol. in*-8. *v. éc.*

1819 Histoire de la Conquête des Isles Moluques, trad. de l'Espagnol d'Argensola. *Amst. Desbordes,* 1706, 3 *vol. in*-12. *fig.*

HISTOIRE DE SIAM ET DES ISLES DE LA MER DES INDES.

1820 Description du Royaume de Siam, par de la Loubere. *Amst.* 1713, 2 *vol. in*-12. *fig.*

1821 Histoire Civile & Naturelle du Royaume de Siam, par M. Turpin. *Paris, Costard,* 1771, 2 *vol. in*-12.

1822 Histoire Naturelle, Civile & Politique du Tonquin, par M. l'Abbé Richard. *Paris, Moutard,* 1778, 2 *vol. in* 12.

HISTOIRE DE LA CHINE ET DU JAPON.

1823 La Chine d'Athanase Kirchere. *Amst. Waesberge,* 1670, *in*-fol. *fig.*

1824 Description Géographique & historique de l'Empire de la Chine & de la Tartarie Chinoise, par le P. J. Bapt.

du Halde. *Paris, le Mercier*, 1735, 4 *vol. in-fol. fig. v. f.*

1825 Histoire Générale de la Chine, trad. du Tong-Kien-Kang-Mou, par le P. Jos. Anne-Marie de Moyriac de Mailla, publiée par M. l'Abbé Grosier. *Paris, Clousier*, 1773, 13 *vol. in-4. & l'Atlas in fol.*

1826 Mémoires sur l'état présent de la Chine, par le P. Louis le Comte. *Paris, Anisson*, 1696, 2 *vol. in-12. fig.*

1827 Histoire moderne des Chinois, des Japonois, des Indiens, des Persans, &c. par l'Abbé de Marsy, continuée par M. Richer. *Paris, Desaint*, 1755, 30 *vol. in-12.*

1828 Yu le Grand & Confucius, Histoire Chinoise, par M. Clerc. *Soissons, Courtois*, 1769, *in-4.*

1829 Éloge de la Ville de Moukden, Poëme par Kien-Long, avec des notes trad. en françois par le P. Amiot. *Paris, Tilliard*, 1770, *in-8.*

1830 Mémoires concernant l'Histoire, les Sciences & les Arts, les Mœurs & les Usages des Chinois, par les Missionnaires de Pekin. *Paris, Nyon*, 1776, 13 *vol. in-4.*

HISTOIRE D'AFRIQUE.

1831 Idée du Gouvernement ancien & moderne de l'Égypte, par M. L. L. M. *Paris, Ganeau*, 1643, *in-12. fig.*

1832 Histoire de l'Afrique Françoise, par M. l'Abbé Demanet. *Paris, Duchesne*, 1767, 2 *vol. in-12. fig.*

HISSOIRE DE L'AMÉRIQUE.

1833 Histoire de la nouvelle Yorck, trad. de l'anglois de W. Smith. *Londres, (Paris)*, 1767, *in-12.*

1834 Histoire de la Conqueste du Mexique, par Fernand Cortez, trad. de l'espagnol de D. Art. de Solis, par Citry de la Guette. *Paris*, 1730, 2 *vol. in-12. fig.*

1835 Histoire des Yncas, Rois du Pérou, trad. de l'espagnol de Garcilasso de la Vega, par J. Baudouin. *Amst. Knipper*, 1704, 2 *vol. in-8.*

1836 Histoire de la Découverte & de la Conquête du Pérou, trad. de l'espagnol d'Aug. de Zaratte. *Paris, Cavellier*, 1706, 2 *vol. in-12. fig.*

1837 Histoire des Guerres civiles des Espagnols dans les Indes, trad. de l'Espagnol de Garcilasso de la Vega, par J. Baudoin. *Amst. Knyper*, 1706, 4 *vol. in-12.*

1838 Mémoires pour servir à l'Histoire de Cayenne & de la Guyane

Guyane Françoise, par M. Bajon. *Paris, Grangé,* 1777, 2 *vol. in*-8.

1839 Confidérations fur l'état préfent de la Colonie Françoife de Saint-Domingue. *Paris, Grangé,* 1776, 2 *vol. n*-8. *m. r.*

1840 Recherches philofophiques fur les Américains, par M. de Paw, avec la défenfe. *Berlin, Decker,* 1768, 3 *vol. in*-12, *v. éc.*

1841 Differtation fur l'Amérique & les Américains, par D. Pernetty. *Berlin, Decker, in*-12.

HISTOIRE HÉRALDIQUE ET GÉNÉALOGIQUE.

1842 Le Blafon des Armoiries, par Hier. de Bara. *Paris, Boutonné,* 1628, *in fol.*

1843 Le Blafon des Armoiries, par de Bara, avec les Blafons de l'Ordre du Saint-Efprit, enluminées. *in*-4. *fans titre.*

1844 Le Roy d'Armes, ou l'Art de bien former, charger, brifer, timbrer, blafonner, &c. les Armoiries, par M. Gilbert de Varennes. *Paris, Buon,* 1640, *in fol.*

1845 La Science héroïque, traitant de la Nobleffe, de l'Origine des armes, &c. par Marc de Vulfon de la Colombiere. *Paris, Cramoify,* 1644, *in-fol. fig. gr. pap.*

1846 Le Théâtre d'Honneur & de Chevalerie, ou le Miroir héroïque de la Nobleffe; par le même. *Paris, Courbé,* 1648, 2 *vol. in-fol. fig.*

1847 Tréfor Héraldique, ou Mercure Armorial, par Charles Segoing. *Paris, Clouzier,* 1657, *in-fol. avec les blazons enluminez.*

1848 Généalogies de J. Hubner, en allemand. *Leypfig,* 1725, *in-fol. m. r.*

1849 Dictionnaire Généalogique, Héraldique, Chronologique & hiftorique, par M. de la Chenaye des Bois. *Paris, Duchefne,* 1757, 6 *vol. in*-8.

1850 Traité des Nobles & des vertus dont ils font formés; leur charge, vocation, rang & degré; des marques généalogiques, de l'origine des fiefs & des armoiries, avec une Hiftoire Généalogique de la Maifon de Coucy, par Franç. l'Alouete. *Paris, le Manier,* 1577, *in*-4.

1851 Effais fur la Nobleffe de France, par le Comte de Boulainvilliers, avec des notes hiftoriques. *Amft.* 1732, *in*-8. *v. f.*

1852 Origine de la Nobleffe Françoife, par M. le Vicomte d***. *Paris, Defprez,* 1766, *in*-12. *v. éc.*

Q

1853 Armorial Général de la France, par d'Hozier. *Paris, Colombat, 1738, 2 vol. in-fol.*

1854 Les anciennes & modernes Généalogies des Roys de France, avec leurs Épitaphes & effigies. *Paris, 1541, in-8. v. m.*

1855 Histoire Généalogique & Chronologique de la Maison Royale de France, des Pairs, des Grands Officiers de la Couronne, &c. par le P. Anselme de Sainte Marie (P. de Giubours), continuée par Honoré Caille, sieur du Fourny, & augmentée par les PP. Ange & Simplicien. *Paris, 1726, 9 vol. in-fol.*

1856 Théâtre des Rois & des Souverains de la Famille Royale de France. *Amst. Chastelain, in-fol.*

1857 La véritable Origine de la seconde & troisiéme lignée de la Maison Royale de France, par du Bouchet *Paris, Dupuis, 1646, in fol.*

1858 Explication de la Généalogie du Roy Henry IV, trad du latin de Fr. Jos. Texere, par C. de Heris. *Paris, Beys, 1595, in-4.*

1859 Les familles de la France illustrées par les Médailles, par Jacq. de Bie. *Paris, 1634, in-fol.*

1860 Tables Généalogiques des Maisons des Ducs & Pairs de France. *Paris, 1663, in-fol.*

1861 Les Tombeaux des Personnes illustres, avec leurs éloges, généalogies, armes, &c. par J. le Laboureur. *Paris, le Bouc, 1642, in-fol.*

1862 Mémorial de Chronologie, Génealogique & historique, par M. l'Abbé d'Estrées. *Paris, Ballard, 2 vol. in-16. m. r.*

1863 La Généalogie & les Alliances de la Maison d'Amanzé, par P. Palliot. *Dijon, Palliot, 1689, in-fol.*

1864 Histoire Généalogique de la Maison d'Auvergne, par Christ. Justel. *Paris, du Puy, 1645, in fol.*

1865 Histoire Généalogique de la Maison de Beauvau, par Sc. & L. de Saincte-Marthe. *Paris, Laquehay, 1626, in fol.*

1866 Histoire Généalogique des familles de Bonne, Crequy, de Blanchefort, d'Agoust, de Vesc, de Montlor, de Maubec & de Montauban, par Guy Allard. *Grenoble, Charuys, 1672, in 4.*

1867 Généalogie de la Maison de Cardaillac. *Paris, Martin, 1654, in-fol.*

1868 Histoire Généalogique de la Maison du Châtelet, par D. Aug. Calmet. *Nancy, Cusson, 1741, in-fol.*

1869 Histoire de la Maison de Chastillon-sur-Marne , par André du Chesne. *Paris, Cramoisy, 1621, in-fol.*

1870 Généalogie des Seigneurs de la Dufferie, par P. d'Hozier. *Paris, Cramoisy, 1662, in-fol.*

1871 Histoire Généalogique & Preuves de la Maison de Gondy, par de Corbinelli. *Paris, Coignard, 1705, 3 vol. in-4. fig.*

1872 Histoire Généalogique des Maisons de Guines, d'Ardres, de Gand & de Coucy, par A. du Chesne. *Paris, Cramoisy, 1631, in-fol*

1873 Généalogie de la Maison de Mailly, avec les Preuves. *Paris, Ballard, 1757, 2 vol. in-4.*

1874 Table Généalogique & historique des anciens Vicomtes de la Marche, Seigneurs d'Aubusson , par du Bouchet. *Paris, Martin, 1682, in-fol. m. r.*

1875 Epitome Genealogico del Cardenal Duque de Richelieu, por de Villa-Real. *En Pamplona, 1641, in-4. v. f.*

1876 Généalogie historique & critique de la Maison de la Roche-Aymon. *Paris, Ballard, 1776, in-fol. m. r.*

1877 Les Généalogies des Maistres des Requestes. *Paris, le Gras, 1670, in-fol.*

1878 Les Éloges des Premiers Présidens du Parlement de Paris, ensemble leurs Généalogies, Armes & Blazons, par J. B. de l'Hermite-Souliers & Fr. Blanchard. *Paris, Besongne, 1645, in-fol.*

1879 Généalogies des principales familles de la France rangées par lettres alphabétiques. *2 vol. in-fol. manusc.*

1880 Noms, qualitez & armes des Gouverneurs, Lieutenans de Roy, Prevost des Marchands, Echevins, &c. de la Ville de Paris, grav. par Beaumont. *in-fol. m. r.*

1881 Histoire Généalogique des Ducs de Bourgongne de la Maison de France, par André du Chesne. *Paris, Cramoisy, 1628, in-4.*

1882 Le Parlement de Bourgongne ; son origine, son establissement & son progrès, avec les noms, surnoms, qualitez, armes & blazons, par P. Palliot. *Dijon, Palliot, 1649, in-fol.*

1883 Catalogues & Armoiries des Gentilshommes qui ont assisté à la tenue des Etats Généraux du Duché de Bourgogne, depuis l'an 1548 jusqu'à l'an 1682 , avec les Blazons gravés. *Dijon, Durand, 1760, in-fol.*

1884 Histoire Généalogique de plusieurs Maisons illustres de Bretagne , par Fr. Aug. du Paz. *Paris, Buon, 1620, in-fol.*

1885 Recueil des Tiltres, Qualités, Blazons & Armes des Seigneurs Barons des Estats Généraux de la Province de Languedoc, tenus en 1654, par Beiard. *in fol.*

1886 Catalogue général des Gentilshommes de la Province de Languedoc, dont les titres de Noblesse ont été remis devant M. de Bezons. *Pezenas, Martel,* 1676, *in-fol.*

1887 . . . .
. . . .

1888 Traité de la Noblesse des Capitouls de Toulouse, par de la Faille. *Toulouse, Colomyés,* 1707, *in-4. m. r.*

1889 Recherches de la Noblesse de Normandie. 2 *vol. in-4. manusc.*

1890 Genealogica & Historica Grimaldæ Gentis arbor, authore Car. de Venasque. *Parisiis, le Bouc,* 1647, *in-fol.*

1891 Nobilta di Genova, di Agostino Fransone Delfu Tomaso. *Genova,* 1636, *in-fol. m.*

1892 Fr. Mar. Ferrerri à Lambriano Augustæ Regiæque Sabaudæ Domus arbor Gentilitia. *Augustæ-Taurinorum, Zappata,* 1702, *in fol.*

1893 Généalogies des Familles principales de Suede, *in-4. manusc.*

ANTIQUITÉS.

Rites, Usages & Coutumes des Anciens.

1894 Discours de la Religion des anciens Romains, de la Castramétation, des Bains, &c. par Guil. du Choul. *Lyon, Rouille,* 1567, *in-4. fig.*

1895 Funerali antichi di diversi Popoli & Nationi, da Thomaso Porcacchi, con le figure in rame di Girol. Porro. *In Venetia, Galignani,* 1574, *in-4. v. f.*

1896 L'Antiquité expliquée & représentée en figures, par D. Bernard de Montfaucon, avec le Supplément. *Paris, Delaulne,* 1719 & 1724, 15 *vol. in-fol.*

1897 Recueil d'Antiquités Égyptiennes, Étrusques, Grecques & Romaines, par Ph. Anne de Tubieres, Comte de Caylus. *Paris, Saillant,* 1752, 7 *vol. in-4. fig. c. &c.*

1898 Germana quædam Antiquitatis eruditæ monumenta, quibus Romanorum vet. ritus varii, tàm sacri quàm profani, tum Græc. atque Ægyptiorum nonnulli illustrantur, Romæ olim collecta ac dissertationibus instructa à Conyers Middleton. *Londini, Cox,* 1745, *in-4. c. m. fig. v. &c.*

1899 Le Coſtume, ou Eſſai ſur les habillemens & les uſa-
ges de pluſieurs Peuples de l'Antiquité, prouvé par les
monumens, par André Leins. *Liége, Baſſompierre*, 1776,
in-4. *fig.*
1900 Le Réveil de Chyndonax, Prince des Vacies, Druydes-
Celtiques-Dijonois ; avec la Saincteté, Religion & diver-
ſité des Cérémonies obſervées aux anciennes ſépultures.
Dijon, Guyot, 1621, *in*-4.

Inſcriptions & Marbres antiques.

1901 Effigies Virorum ac Fœminarum illuſtrium quibus in
Græcis aut Latinis monumentis aliqua memoriæ pars datur
ex antiquis Marmoribus, ſaxis, numiſmatibus & gemmis
expreſſæ. *Lugd. Batav. Vander Aa*, 4 tomes en un vol.
in-fol. fig.
1902 Henr. Spoor Faviſſæ lutriuſque Antiquitatis, tàm **Gr.**
quàm Rom. *Ultrajecti, Muntendam*, 1707, *in*-4 *fig.*

Hiſtoire Métallique.

1903 Epitome Theſauri Antiquitatum, h. e. Impp. Rom.
Icones ex antiquis numiſmatibus, ex Muſæo Jac. de Strada.
Lugduni, de Strada, 1553, *in*-4.
1904 Selectiora Numiſmata in Ære Max. Moduli, è Muſeo
Fr. de Camps. *Pariſiis, Dezallier*, 1694, *in*-4.
1905 Imperatorum Romanorum Numiſmata deſcripta per
Car. Patinum. *Amſt. Gallet*, 1696, *in-fol.*
1906 Jo. Vaillant Numiſmata Imperatorum, Auguſt. & Cæ-
ſarum à Populis Græcà loquentibus percuſſa. *Amſt. Gallet*,
1700, *in-fol.*
1907 Médailles de grand & moyen Bronze du Cabinet de la
Reine Chriſtine, gravées par Pietro Santes Bartolo, en
ſoixante-trois planches expliquées par un Commentaire,
trad. du latin d'Havercamp. *La Haye, de Hondt*, 1742,
in-fol.

Divers Monumens de l'Antiquité, ou Traités des Édifices publics, Amphithéâtres, Obéliſques, Pyramides, Sépulchres, Statues, &c.

1908 Les Ruines des plus beaux Monumens de la Grece,
avec des explications, par M. le Roy. *Paris, Guérin*,
1758, *in-fol. m. mar. c.*

1909 Les mêmes Ruines, nouvelle édition. *Paris, de la Tour,* 1770, 2 vol. in-fol. m. v. éc. f.

1910 Les Ruines de Pæstum ou de Possidonie dans la grande Grece, par Th. Major, trad. de l'anglois. *Londres,* 1768, in-fol. m. v. m.

1911 Les Ruines de Balbec, autrement dite Heliopolis. *Londres, Millar,* 1757, in fol. m. mar. bl.

1912 Les Ruines de Palmyre, autrement dite Tedmor an Dézert, par M. Dawkins & Rob. Wood. *Londres, Millar,* 1753, in-fol. m. mar. v.

1913 Prodromo delle Antichita d'Ercolano, di Ottavio Ant. Bayardi. *In Napoli,* 1752, 2 vol. in-4. fig. m. r.

1914 Le Pitture antiche d'Ercolano e contorni incise con qualche spiegazione. *Napoli, nella Regia Stamperia,* 1757, 7 vol. in fol. anciennes épreuves.

1915 Le medefime. *Ibid.* 8 vol. in-fol. en carton.

1916 Roma vetus & nova, in-4. obl. fig.

1917 I Vestigi dell' Antichita di Roma, raccolti da Stef. du Perac. *In Roma,* 1575, in 4. obl.

1918 Vestigi delle Antichita di Roma, Tivoli, Pozzvolo, &c. *In Roma, de Rossi,* in-4. obl.

1919 Jo. Ciampini Vetera Monimenta, in quibus Musiva Opera, Sacrarum, Profanarumque Ædium structura ac nonnulli antiqui ritus dissertationibus iconibusque illustrantur. *Romæ, Gianninus,* 1747, 3 vol. in-fol. fig. v. éc.

1920 Les Restes de l'ancienne Rome, recherchez avec soin, mesurez, dessinez sur les lieux & gravez par Bonaventure d'Overbeke. *La Haye, Gossè,* 1763, 3 tomes en un vol. in-fol. m. v. éc. f

1921 Del Palazzo de Cesari Opera di Fr. Bianchini. *In Verona, Berno,* 1738, in fol. fig.

1922 De Sacris Ædificiis à Constantino M. constructis Synopsis historica, Jo. Ciampini. *Romæ, Komarek,* 1693, in-fol.

1923 Histoire des grands Chemins de l'Empire Romain, par Nic. Bergier. *Bruxelles, Léonard,* 1728, 2 vol. in-4. gr. pap. fig.

1924 Libro nal quale sono disegnate XXVIII Statue grandi & VI Busti d'Alabastro, & VI grandi di Marmo, con li nomi e le foro misure. in fol.

Pierres gravées.

1925 Gemmæ & Sculpturæ antiquæ depictæ ab Leon. Au-

guſtino, addita earum enarratione in lat. verſa ab Jac. Gro-
novio. *Amſt. Blooteling*, 1685, *in-4. fig. v. f.*

1926 Romanum Muſeum, ſive Theſaurus eruditæ Antiquita-
tis, inquo proponuntur ac dilucidantur Gemmæ, Idola,
Lucernæ, Vaſa, &c. operâ Mich. Angeli Cauſei de la
Chauſſe. *Romæ, Amideus*, 1746, *2 vol. in-fol. fig.*

1927 Deſcription des Pierres gravées du Cabinet de Monſei-
gneur le Duc d'Orléans, par MM. l'Abbé de la Chau &
l'Abbé le Blond. *Paris*, 1780 & 1784, *2 vol. in-fol.*
fig. br.

Mélanges d'Antiquités, contenant des Collections mêlées,
des Diſſertations, des Cabinets d'Antiquaires, &c.

1928 Recherches curieuſes d'Antiquité, par Spon. *Lyon,*
Amaulry, 1683, *in-4. fig. v. f.*

1929 Explication de pluſieurs Antiquités recueillies par Paul
Petau. *Amſt. Néanlme*, 1757, *in-4. fig. v. éc.*

1930 Recueil d'Antiquités trouvées à Avenches, à Culm, &
en d'autres lieux de la Suiſſe, par M. Schmidt. *Berne,*
Wagner, 1760, *in-4 fig. v. éc.*

HISTOIRE LITTÉRAIRE, ACADÉMIQUE ET BIBLIOGRAPHIQUE.

Hiſtoire des Lettres & des Langues, des Sciences &
des Arts.

1931 Lettres ſur l'origine des Sciences & ſur celle des Peuples de l'Aſie, par M. Bailly. *Paris, Debure*, 1777, *in-8.*

1932 Réflexions impartiales ſur le progrès réel ou apparent
que les Sciences & les Arts ont fait dans le dix-huitiéme
ſiécle en Europe, par M. Bartoli. *Paris, Couturier*, 1780,
in-8.

Hiſtoire des Académies, Univerſités, Colléges & Sociétés
de Gens de Lettres.

1933 Hiſtoire de l'Académie Royale des Sciences, depuis
ſon établiſſement en 1666, juſqu'à ſon renouvellement en
1699. *Paris, Martin*, 1733, *11 tomes reliés en 14 vol.*
in-4.

1934 Hiſtoire de l'Académie Royale des Sciences, depuis
1699 juſques & compris 1776. *Paris, de l'Imprimerie*

Royale, 1732, & années suiv. 79 vol. in-4. an. 1750 &
1755 manq.

1935 Tables Alphabétiques des matieres contenues dans lef-
dits Mémoires, depuis 1666 jufqu'en 1770, par MM. Go-
din & Demours. *Paris, de l'Imprimerie Royale*, 1734,
& années fuiv. 8 vol. in-4.

1936 Recueil des Machines & Inventions approuvées par la
même Académie, par Gallon. *Paris, Martin*, 7 vol. in-4.

1937 Recueil des piéces qui ont remporté les Prix de la
même Académie, ès années 1738, 1743 à 1747, 1751 à
1772 *Paris*, 1739, &c. 6 vol. in-4.

1938 Mémoires de Mathématiques & de Phyfique, préfentés
par divers Savans étrangers. *Paris, de l'Imprimerie Royale*,
1750, *& années fuiv.* 7 vol. in 4. v. f.

1939 Hiftoire de l'Académie Royale des Infcriptions &
Belles-Lettres, depuis fon établiffement jufqu'à préfent,
avec les Mémoires de Littérature, tirés des Regiftres de
cette Académie. *Paris, de l'Imprimerie Royale*, 1717, *&
années fuiv.* 36 vol. in-4. v. f.

1940 Choix de Mémoires & Abrégé de l'Hiftoire de l'Académie de Berlin. *Paris, Rozet*, 1767, 4 vol. in-12.

Bibliographie, ou Hiftoire & Defcription des Livres.

1941 Bibliographie inftructive, ou Traité de la connoiffance
des Livres rares & finguliers, par Guil. Fr. de Bure. *Paris,
de Bure*, 1763, 7 vol. in-8.

1942 Supplément à la Bibliographie inftructive, ou Catalogue
des Livres de L. J. Gaignat, par le même. *Paris*, 1769,
2 vol. in-8.

1943 Bibliotheque d'un Homme de Goût, ou Avis fur le choix
des meilleurs Livres. *Avignon, Blerq*, 1772, 2 vol. in 12.

Bibliographes généraux.

1944 Les Bibliotheques Françoifes de la Croix du Maine &
de du Verdier, nouvelle édition, revue, corrigée & augmentée par Rigoley de Juvigny. *Paris, Nyon*, 1772,
6 vol. in-4. v. éc.

1945 La Bibliotheque d'Ant. du Verdier. *Lyon, Honorat*,
1585, in-fol. v. f.

1946 Hiftoire Littéraire de la France, par les PP. D. Rivet,
Clémencet, &c. *Paris, Ofmont*, 1733, 12 vol. in-4.
v. f.

1947 Bibliotheque historique de la France , contenant le
Catalogue des Ouvrages qui traitent de l'Histoire de ce
Royaume , avec des notes critiques & historiques par Jacq.
le Long , nouvelle édition , revue , corrigée & augmentée
par M. Fevret de Fontette. *Paris , Hériffant , 1769 , 5 vol.
in-fol. v. m.*

1948 Histoire Littéraire du Regne de Louis XIV , par
M. l'Abbé Lambert. *Paris , Prault , 1751 , 3 vol. in-4.
v. f.*

1949 Bibliotheque Françoise , ou Histoire de la Littérature
Françoise , par l'Abbé Goujet. *Paris , Guérin , 1740 ,
18 vol. in-12. v. f.*

1950 Mélanges d'Histoire & de Littérature , par de Vigneul-
Marville. *Rotterdam , Yvans , 1702 , 3 vol. in-12,*

1951 Mémoires de Littérature , par de Sallengre. *La Haye ,
du Sauzet , 1715 , 2 vol. in-8. v. f.*

1952 Continuation des Mémoires de Littérature & d'Histoire ,
par le P. Defmolet. *Paris , Simart , 1730 , 11 vol. in-12.
v. m.*

1953 Nouveaux Mémoires d'Histoire , de Critique & de
Littérature , par M. l'Abbé d'Artigny. *Paris , Debure ,
1749 , 6 vol. in-12. v. m.*

1954 La France Littéraire. *Paris , veuve Duchefne , 1769 ,
3 vol. in-8.*

1955 Bibliotheca Aradico - Hifpana Efcurialenfis , operâ &
ftudio Mich. Cafiri. *Matriti , de Soto , 1760 , in-fol.*

Bibliographes périodiques , ou Journaux Littéraires.

1956 Histoire Critique des Journaux , par Camufat. *Amft.
Bernard , 1734 , 2 vol. in-12.*

1957 Bibliotheque Univerfelle & hiftorique , par le Clerc.
Amft. Waefberge , 1687 , 25 tomes reliés en 22 vol. in-12.

1958 Histoire Critique de la République des Lettres , par
Maffon. *Amft. Defbordes , 1713 , 15 vol. in-12.*

1959 Nouvelles Littéraires. *La Haye , du Sauzet , 1715 ,
13 vol. in-12.*

1960 Histoire des Ouvrages des Savans , par Bafnage de
Beauval. *Amft. le Cene , 1721 , 24 vol. in-12. v. f.*

1961 Le Nouvellifte du Parnaffe , ou Réflexions fur les Ouvrages nouveaux , par l'Abbé Desfontaines. *Paris , Chaubert , 1731 , 3 vol. in-12. v. f.*

1962 Obfervations fur les Écrits modernes , par le même.
Paris , Chaubert , 1735 , 33 vol. in 12. v. f.

R

1963 Jugemens sur quelques Ouvrages nouveaux, par l'Abbé Desfontaines. *Avignon, Girou*, 1744, 11 *vol. in-12. v f.*

1964 Le Pour & Contre, par l'Abbé Prevost. *Paris, Didot*, 1733, 20 *vol. in-12. v. f.*

1965 Le Sage Moissonneur, ou le Nouvelliste historique, politique, critique, littéraire & galant. *Utrecht, Néaulme*, 1741, 6 *vol in-12.*

1966 L'Année Littéraire, par Freron, années 1754 à 1771. *Paris. Lambert*, 140 *vol. in-12. v. f.*

1967 Journal Encyclopédique, années 1769 & 1770. *Bouillon*, 16 *vol. in-12. v. f.*

1968 . . . .
. . . .
. . . .

1969 Bibliotheque Angloise, ou Histoire Littéraire de la Grande-Bretagne, par de la Roche. *Amst. Murret*, 1717, 15 *vol. in-12.*

1970 Mémoires Littéraires de la Grande-Bretagne, par Mich. de la Roche. *La Haye, Vaillant*, 16 *tomes en 8 vol. in-12.*

Bibliographes simples ; c'est-à-dire, Catalogues de Bibliotheques.

1971 Catalogue des Livres imprimés & manuscrits de la Bibliotheque du Roi. *Paris, de l'Imprimerie Royale*, 1730, & années *suiv.* 10 *vol. in-fol. v. m. fil. d.*

1972 Bibliotheca Telleriana. *Parisiis, è Typographiâ Regiâ*, 1693, *in-fol.*

1973 Bibliotheca Coisliniana, sive manuscriptorum omnium gr. quæ in ea continentur accurata descriptio, studio & operâ D. Bern. de Montfaucon. *Parisiis, Guérin*, 1715, *in-fol.*

1974 Catalogue de la Bibliotheque du Château de Rambouillet. *Paris, Martin*, 1726, *in-8.*

1975 Catalogue des Livres de M. de Cangé. *Paris, Guérin*, 1733, *in-12.*

1976 Catalogus Librorum Bibliothecæ Bodleianæ, operâ Th. Hyde. *Oxonii, è Theatro Sheldoniano*, 1674, *in-fol.*

VIES DES PERSONNAGES ILLUSTRES.

Vies des Personnages illuſtres anciens, Grecs & Romains.

1977 Les Vies des Hommes illuſtres de Plutarque & ſes Œuvres meſlées, trad. par Jacq. Amyot. *Paris, Vaſcoſan &
l'Angelier,* 1575 & 1584, *2 vol. in-fol. v. f.*
1978 Philoſtrate de la Vie d'Apollonius Thyanéen, trad. par
B. de Vigenere. *Paris, Guillemot,* 1611, *2 vol. in-4.*

Vies & Éloges des Perſonnages illuſtres modernes.

1979 Jehan Boccace des Cas des nobles Hommes & Femmes
infortunez, tranſlaté de latin en françois par Laurens de
Premier-fait. *Paris, J. du Pré,* 1483, *in-fol. v. éc.*
1980 Œuvres de Brantôme. *La Haye,* 1740, 15 *vol. in* 12.
m. v.
1981 La Galerie des Femmes fortes . par le P. P. le Moyne.
Paris, de Sommaville, 1647, *in-fol. fig. v. éc.*
1982 Les Vies des Hommes illuſtres de la France, par d'Au-
vigny & l'Abbé Perau. *Paris, le Gras,* 1739, 23 *vol.
in* 12. *v. f.*
1983 Les Portraits des Hommes illuſtres François qui ſont
peints dans la Gallerie du Palais Cardinal de Richelieu,
avec l'Abrégé de leurs vies, par de Vulſon de la Colombiere. *Paris,* 1650, *in-fol. fig.*
1984 Les Hommes illuſtres de la Marine Françoiſe, leurs
actions mémorables & leurs portraits, par M. Graincourt.
Paris, Baſtien, 1780, 12 *part. in-4. br.*
1985 Les Vies des Femmes illuſtres & célebres de la France.
Paris, Grangé, 1766, 5 *vol. in-* 12.
1986 Hiſtoire des Impoſteurs inſignes, par J. B. de Rocoles.
Bruxelles, Vlaenderen, 1728, *2 vol. in-*12.

*Vies & Éloges des Hommes illuſtres dans les Sciences &
dans les Arts.*

1987 Mémoires pour la Vie de Fr. Pétrarque, avec des notes par M. l'Abbé de Sade. *Amſt.* 1764, 3 *vol. in-4.*
1988 La Vie & les ſentimens de Lucilio Vanini. *Rotterdam,
Fritſch,* 1717, *in-*12.
1989 Les Éloges des Hommes ſavans, tirés de l'Hiſtoire de

de Thou, avec des additions par Ant. Teissier. *Leyde, Haak*, 1715, 4 *vol. in-12. v. m.*

1990 Académie des Sciences & des Arts, contenant les Vies & Éloges des Hommes illustres qui ont excellé en ces professions, par Isaac Brulart. *Bruxelles, Foppens*, 1682, 2 *vol. in-fol. fig.*

1991 Mémoires sur la Vie de J. Racine, avec ses Lettres. *Lausanne, (Paris)*, 1747, 2 *vol. in-12.*

1992 La Vie de l'Abbé de Choisy. *Genéve, Bousquet*, 1742, *in-8.*

1993 Mémoires pour servir à l'Histoire de la Vie & des Ouvrages de Fontenelle, par l'Abbé Trublet. *Paris, Saillant*, 1761, *in-12.*

1994 Entretiens sur les Vies & les Ouvrages des plus excellens Peintres anciens & modernes, par Félibien. *Trévoux*, 1725, 6 *vol. in-12.*

1995 La Vie des Peintres Flamands, Allemands & Hollandois, avec des portraits, par J. B. Descamps. *Paris, Jombert*, 1753, 2 *vol. in-8. fig. v. f.*

1996 Extrait des différens Ouvrages publiés sur la Vie des Peintres, par M. P. D. L. F. *Paris, Ruault*, 1776, 2 *vol. in-8. m. r.*

1997 Éloge historique de Callot, par le P. Husson. *Bruxelles*, 1766, *in-8. v. éc.*

EXTRAITS HISTORIQUES.

Diverses Collections tirées & extraites des Historiens anciens & modernes.

1998 Histoires diverses d'Elien, trad. du grec, avec des remarques (par M. Dacier). *Paris, Moutard*, 1772, *in-8. v. éc.*

1999 Histoires prodigieuses, extraites de plusieurs fameux Autheurs, par P. Boistuau, F. de Belleforest, &c. *Anvers*, 1594, *in-12.*

2000 Discours excellens sur plusieurs exemples & accidens, suivis & advenuz de notre temps, recueillis de divers Autheurs, par P. de Larivey. *Paris, Bichon*, 1596, *in-12.*

2001 Histoires tragiques de nostre temps, par de S. Lazare. *Paris, Collet*, 1635, *in-8. v. m.*

2002 Mémoires historiques, politiques, critiques & littéraires, par Amelot de la Houssaye. *Amst. le Cene*, 1731, 2 *vol. in-12. v. f.*

2003 Anecdotes historiques, militaires & politiques de l'Europe depuis Charles-Quint, par M. l'Abbé Raynal. *Amst.* (*Paris*), 1753, 3 *vol. in-12.*

2004 Anecdotes Italiennes, depuis la destruction de l'Empire Romain jusqu'à nos jours, par M. de la Croix. *Paris, Vincent,* 1769, *in-8.*

2005 Anecdotes Angloises. *Paris, Vincent,* 1769, *in-8.*

2006 Anecdotes Espagnoles & Portugaises. *Paris, Vincent,* 1773, 2 *vol. in-8.*

2007 Histoires édifiantes pour servir de lecture aux jeunes Personnes. *Paris, Duchesne,* 1757, *in-12. m. bl.*

DICTIONNAIRES HISTORIQUES.

2008 Le Dictionnaire historique de L. Moreri, avec les deux Supplémens. *Paris, Coignard,* 1732, 10 *vol. in-fol.*

2009 Dictionnaire historique & critique, par P. Bayle. *Amst. Mortier,* 1730, 4 *vol. infol.*

2010 . . . .
. . . .
. . . .

2011 Examen du Pyrrhonisme ancien & moderne, par de Crousaz. *La Haye, de Hondt,* 1733, *in-fol.*

2012 Remarques critiques sur le Dictionnaire de Bayle, par l'Abbé Joly. *Paris, Ganeau,* 1752, *in-fol.*

2013 Nouveau Dictionnaire historique & critique, pour servir de Supplément au Dictionnaire de Bayle, par Jacq. George Chaufepié. *Amst. Mortier,* 1750, 4 *vol. in-fol. v. f.*

2014 Dictionnaire historique, par une Société de Gens de Lettres, augmenté par L. Chaudon. *Caen, le Roy,* 1779, 6 *vol. in 8.*

SUPPLÉMENT.

2015 Réponse à l'Histoire des Oracles de Fontenelle, par le P. Baltus. *Strasbourg, Doulssecker,* 1707, 2 *vol. in-8.*

2016 Examen critique des principales opinions, cérémonies & institutions religieuses & politiques des différens Peuples de la Terre. *Amst. Rey,* 1766, 3 *vol. in-12.*

2017 Vues remarquables des Montagnes de la Suisse, gravées par M. Janinet, exécutées en couleur à l'huile, & publiées par M. Wagner. *Paris, in-fol.*

2018 Recueil des cent Estampes qui représentent différentes Nations du Levant, tirées sur les Tableaux peints d'après nature par les ordres de M. de Ferriol, gravées par le Hay, avec l'explication. *Paris, Collombat, 1714, in-fol. fig.*

2019 Carroufels, Festes & Tournois, par les Princes d'Allemagne. *in-4. obl.*

2020 Livre d'Estampes de l'Art de la Coëffure des Dames Françoises, par le Gros. *Paris, 1765, in-4.*

2021 Histoire de Tancrede de Rohan. *Liége, Bassompierre, 1767, in-12.*

2022 Singularités historiques & littéraires, par D. Liron. *Paris, Didot, 1738, 4 vol. in-12. v. f.*

2023 Deux Globes; l'un Céleste & l'autre Terrestre, par Robert de Vaugondi : 18 pouces de diametre, montés avec des cercles de cuivre.

F I N.

Lu & approuvé ce 6 Déc. 1788. MÉRIGOT jeune, *Adj.*

De l'Imprimerie de PRAULT, Imprimeur du Roi, quai des Augustins, à l'Immortalité.